人生の教養を高める読書法

武田鉄矢

プレジデント社

はじめに

　とあるバラエティ番組の休憩中、アンガールズのオカッパ頭の山根君が私に話しかけてくれました。彼ね、ありがたいことに以前からこの本の元となっている私のラジオ番組『武田鉄矢・今朝の三枚おろし』を聞いてくれてるらしくって。

　ちなみに『今朝の三枚おろし』という番組は、毎週一冊の本を取り上げて、わたくし武田鉄矢がわかりやすく解説しようという番組であります。まな板の上の魚の替わりに、私という料理人が机上の本を三枚におろして、リスナーの方々にご堪能いただこうという企画でございます。


　で、山根君はしみじみと私に言うのです。

「大変でしょ？　アレ。短い番組なのに。ネタ仕込んでるんですか、いちいち勉強してるんですか？」

「そりゃそうだよ。少なくとも一冊は本読まなきゃならないだろ。だから結構、時間がかかるんだよ」
山根君は「大変ですねぇ、それは。キツイでしょ？」と、ただただ感心してくれるんですな。

ちょっと説明しておくと、ラジオの番組はモノによっては構成作家がついていて、資料集めなどもろもろのことをタレントの代わりにやってくれるケースもあるんですな。ところがこの『今朝の三枚おろし』には作家はついていない。ブレインも私の脳みそ1つだけ。そんな体制でお届けしている番組なのです。だから毎週、自分で課題図書を読みながら大学ノートに何十ページも本で気になった部分を抜き書きしたり、関連して思い出した自分のエピソードや感想をメモしていくんです。もう本当に毎週がテスト前のお勉強のお時間なのです。

それに山根君の「大変ですねぇ」っていうのは、勉強して時間がかかって大変だっていう意味だけではないんです、実は。芸能界、特にバラエティにおいては、勉強しちゃあダメ。なぜなら、バラエティは勉強して出演するのではなく、出演して勉強するもので、知らないことで盛り上がる。だからそのことをよく知っている山根君は、「大変ですねぇ」って言ったんです。時間がかかって大変な上に、芸能界で人気者になる方法と反対の道を私は歩んでいるわけですから。

そもそも『今朝の三枚おろし』では、私が知っていることは話題にしません。ぜ〜んぶ知らないことばかり。それは当然の話で、私が自分で「自分自身が知らないことについて書かれている本」を選んで読んでいるからです。だから実は、一番大変なのは、勉強に要する時間でもバラエティで人気者になれないことでもなくて、「知らないことを探さなきゃいけない」ということ。これが一番キツイ！

一冊の本から知らないことを自分で学び取って、聴取者の皆さんにわかりやすく、そして聴いていて楽しいようにお話しする。それが終われば「それではまた来週〜！」っておいて別れの言葉を言って、次の日には、新たに違う「知らないこと」を見つけなければならない。これの繰り返しなんです。そのことを話したら山根君はさらに同情してくれたんですな。

大変な反面、「知らないことを探す番組」っていうのは誰もやってないからこそ、ものすごく面白くて仕方がない。そして、私が面白がってやっているからこそ、忙しい同業者である山根君も時間を割いて面白く聴いてくれているんだと思うんです。

そして、知らないことを知ろうと努力していると、突然、知ってることと今まで全く知らなかったことが繋がったりする。例えば、今回、10冊ほどの本をご紹介しましたが、なんだか植物の話が多くなったりする。もちろん植物についての本もご紹介したんですが、全然植物と関係ないところでも植物を連想する話が出てきたり。また、内臓と日本語の思い掛けない関係がわかったり。知識や思考というのは積み重ねれば積み重ねるほど突然関連性が浮かび上がるようです。そのときの快感ときたら……。アルキメデスの「ユリイカ！」の叫びは不変です。

だから、今回は読書家の皆さまでもあんまり手にしないような本を中心に、ご紹介したつもりです。知識が繋がって立体感をもっていく気持ち良さを皆さまと共有できれば、この上ない幸せです。では、あなたの知らない世界に、わたくし武田鉄矢がご案内いたしましょう！

人生の教養を高める読書法

目次

オックスフォード
&ケンブリッジ大学
世界一「考えさせられる」
入試問題

——「あなたは自分を利口だと思いますか？」

ジョン・ファーンドン（著）、小田島恒志・小田島則子（訳）／
河出文庫／2017.11.20

最初は軽く頭の柔軟体操ができるような本から紹介しましょうかな。

日本にはさまざまな考えさせられる問題がございます。ただし、今回はその手の問題ではなく、単純に大学の入試問題に出た問題を取り上げてみようかなと思ってるんです。ただしね、この問題が素晴らしくて、裏口から入ろうとしている官僚の子弟などは決して合格させないという素晴らしい問題の特集なんでございます。

だいたい、裏口入学をさせないためには、大学が出す問題を変えなきゃダメなんだ。陰でコソコソっと加点できるような問題を作ってるから、裏から入ってくるんだよな。

そんなことをつらつらと考えるキッカケとなったのは、とても裏から入れないような問題を集めた本を見つけたからなんです。その本のタイトルは『世界一「考えさせられる」入試問題』。オックスフォードやケンブリッジの小論文の出題を集めた本で、模範解答はあるけど「正解」がない問題集です。

実はね、裏口から平気で入ってくるのは、採点の手間が簡単になるように入試問題を作るからなんです。マークシートでは測れないような能力を見出せるような問題を学生さんに出題して、その答えが独創的であれば合格させる。そうすれば裏口から入る余地などなくなるんです。

大学側は優秀な頭を欲しがる必要はないんです。独創的な頭を集めるほうがいいんです。優秀な頭は大学に入ってから作ればいいんですから。

なのに、採点の手間を惜しむような問題を出すから、裏口どころか大学に入っても学ぶ力もない人がゾロゾロと入学してくる。

では、独創的な頭を求める入試問題とはいかなるものか。まずは手始めにケンブリッジ大学法学部の入試問題にトライしてみてください。

さあ、問題です。

――あなたは自分を利口だと思いますか？

「俺は勉強してるから、利口だもん」なんて答えてたら、「馬鹿か、お前は」って話になっちゃう。まず、「利口」とは何かを考えなければならない。

利口とはいったい何か？

例えば、「利口とは、ある事態、ある状況に対して『適解』を見つけ る能力のこと」とするね。最適解じゃなくて適解ね。で、そういう能力を持った人を利口と言う。そう考えると、利口という言葉には必ず狡猾な知恵を含んでくる。ずる賢いこともやっぱり利口に含まれる。

だから天使を褒めるときは「賢明」とか「賢い」という言葉をつけるんだけど、悪魔を褒めるときは「悪魔は利口だ」という言葉になる。

そういう前提で利口について深く考えていきましょう。

利口であるということを自分でアピールする人は利口ではありません。利口な人は自分を利口だと主張しません。本当だよね。だいたい歓迎されないよな、自分を利口だと主張する人は。愚かであることよりは、ずっといいのかもしれないけど。

では今度は、その利口というものの、その理想を広げてみましょう。

もし善良な人がみんな利口なら、世界はものすごく良いものになる。しかし、利口な人が皆善良であるということは、世界全体にとってはかなり難しいんじゃないかな。なにしろ悪魔への褒め言葉だもんね、「利口」というのは。
だから、「利口」という一語に触れた小論文を書くのは、「賢明」とか「聡明」、「知的」とか「博識」について書くよりはるかに難しい。「聡明」とか「博識」なんかは優れた人物を賞賛する言葉として使われるけど、「利口」は明暗両方を含む言葉であるが故に、深く考えなければならないんだ。マークシートでは採れない知的な部分を持っていないと、この小論文は書けません。そして、この利口という明暗両方を持つ言葉を問題に持ってくるのが法学部というところにも、なんだか意味がありそうですな。

では次はオックスフォード大学。こちらの物理哲学科という学科の問題を行なってみましょう！

――紙テープがあります。この紙テープは無限回、折りたたむことができます。では、何回折れば月に届くでしょう？　月までの距離は40万キロ。紙の厚さは0・1ミリメートルほどであります。

小論文というよりは数学の問題ですな。折るたびに紙は倍増していきます。この倍というのがなかなかの曲者で。10回折れば、もうセンチになる。とっても煩わしいんですが、0・1ミリメートルをキロメートルに直すと0・0000001キロメートル。それを10回折っただけで0・001024キロメートル。約1メートルになる。0が3つ消えてるんですよ。数学の魔力だね。思ったより変化が激しいんです。

そして43回前後で月までの距離にまで増えちゃうんだ。

これ、実際に紙でやろうとしても無理。だいたい8回、どう頑張っても12回が限界。まあ、実際に試験場で折り始める生徒は合格できないんじゃないかな？

もう一丁、数学の問題に挑戦しましょう。今度はオックスフォード大学の数学科の問題。

――ここに3リットルの水差しと5リットルの水差しが1つずつあります。これを使って4リットルを計って出しなさい。

なんかで見たことがある人も多い問題かもしれませんが、ちゃ～んと答えられるかな？

まず5リットルの水差しを一杯にする。その5リットルの水差しから3リットルの水差しが一杯になるように水を移す。すると5リットルの水差しに残る水は2リットル。

そこで3リットルの水差しに入った水を空にして5リットルの水差しに残った2リットルの水を3リットルの水差しに移す。これで3リットルの水差しには2リットルの水が入っていることになる。

空の5リットルの水差しにまた水を満たす。そして3リットルの水差しを満杯にするように水を差していくと……。

どうです？　3リットルの水差しには2リットルの水が入っているわけですから、あと1リットル水を入れると満杯になりますね。5リットルの水差しから1リットル分の水を入れれば、5リットルの水差しには4リットルの水が残ることになります。

これ、映画『ダイ・ハード』シリーズの中でも似たような問題が出てたから、知ってる人も多いと思うけど、改めて自分で解くとなると難しいんじゃないかな？

今の問題の解き方を知っていた人のために、もう1つオックスフォードの数学科の問題をやってみましょうか。

——5分用の砂時計と9分用の砂時計が2つあります。これで卵を13分間茹でたい。どうすればいいでしょう?

卵を鍋に入れました。同時に5分用と9分用の砂時計をひっくり返す。5分用の砂時計の砂が落ちきった。ここで5分。そうしたら9分用の砂時計には4分残っているわけです。ここで2つの砂時計を同時にひっくり返す。9分用の砂時計が終わる頃には、5分用の砂時計は残り1分。ここでひっくり返せば4分の時間が測れるわけです。よく考えると9分用の砂時計はひっくり返しても返さなくても同じような気もするけど。まあ、いいか。

さっきのダイ・ハードの問題もこの問題もなんか似てるよな。ピッタリの道具がなくて、手元の道具でやりくりするという点が。もしかしたら頭の良さって、やりくりする能力なのかもしれないね。そういう頭の良さを本当の一流大学は求めてるんだなあ。

今度はケンブリッジ大学の獣医学部の問題を一緒に考えてみましょう。

——牛1頭には地球の水がどのくらい含まれているでしょうか?

何だろうね、この問題は。問題の意味をどう捉えればいいのかな？

まず、牛の体の中に水分はあるわけだ。哺乳類は体重の70パーセントは水分だろうから、牛の体重を7掛けした数字を出せばいいのかな？　でもさ、それだけじゃなさそうだよね。牛がそこまで大きくなるまでに飲む水があるよなあ。そうやって考えていくと飲み水だけじゃなくてエサになる穀物にも水が必要になる。それも考えなきゃならない。水だけでは牛は育たないから。もしかしたら、ケンブリッジ大学は牛肉に食生活が傾きすぎると膨大な水がないとまかないきれないということに気づいてほしいのかもな。

現に国中で牛肉を食い始めた国があるんだから。13億人もいるのに小麦を作らないで輸入してるんだもん。こりゃ大変なことになるよ。秋刀魚だってさんざん取り尽くしているし。牛1頭育てるのにどれだけ地球に負担を与えているかを考えることができる人を、本当の一流大学は求めてるというのもわかるよなぁ。

ケンブリッジ大学の工学部で出された面白い問題も紹介しましょう。

——もし、地面に地球の裏側まで通じる穴を掘って、その穴に人間が飛び込んだらどうなるでしょう？

面白いなあ。「ブラジルの人〜！」ってギャグをやる人もいたけど、そんな穴に人が飛び込んだらいったいどうなるのかな？

実際にロシアに深い穴があるんだってな。旧ソ連時代に22年間掘り続けて、1万2000メートル掘ったんだって。これが世界一有名な深い穴。結局熱さで中断したそうだね。

でもさ、これ地球の直径で考えるとほんの0・1パーセントなんだって。

だから実際には地球の裏側まで穴を掘ることなんてできない。でも、できたとしてその穴に飛び込んでみましょうか。

人間が生きたまま落ちていくためには空気がないとダメだから、まずその穴に空気があると仮定する。そうすると、飛び込んだ勢いでしばらくは落下するけど、ある位置からは押し戻されるんだって、空気に。で、そのポイントあたりで落ちずに浮かんでしまって通過できない。

じゃあ、空気がなく、真空だったら落ちていけるのか？　これもダメらしいんだ。地球が停止しないと落ちてはいけない。地球の自転が止まったとしても今度は地球の重力が邪魔をするんだって。地球の中心に近づくと地球の質量が落下を引き止めようとする。真ん中にいけばいくほどその力が増してきて、中心のかなり手前で加速ゼロになってしまう。加速ゼロになったところで停止したと思ったら、今度は均衡点に向かってその人は跳ね上がるっていうんだ。何度も上下してそのうちどこか釣り合いのとれる場所でピタッと止まってしまうんだって。多分地表から1600キロあたり。そこでプカッと浮いちゃう。穴に落ちることは可能なんだけど、穴に落ち続けることは不可能なんですって。面白いよねぇ。

理工系ばかり続いたので今度は文系の問題。オックスフォード大学人文科学科の問題を考えてみようか。

——なぜ進化論を信じるアメリカ人は少ないんでしょう？

実際、アメリカは州のうちいくつかしか進化論を認めてないんです。科学的だと思われてるアメリカで進化論が信用されず、無宗教といわれている日本では進化論を一発で理解してるよね。

最近は逆転傾向みたいだけど、アメリカ国民の半数近くはダーウィンの進化論を信じてないんです。この本が書かれた頃は進化論を支持している人はアメリカ国民の14パーセントのみ。アメリカは進化論についてはイスラム圏とそっくりなんです。イスラム教も進化論を信用してないから。

で、アメリカという国は合衆国というだけあって、アメリカ全体より州ごとのほうが重要な国です。州ごとの考え方はアメリカ全体より優先されるんですな。だから「州ごとで科学とかでもなんでも全部結論を出していい」っていうわけです。

州によっては科学よりも神を信じることが優先されているので、進化論は州によっては否定されているんですな。これは、進化論だけではなく、宗教、科学、銃の所持、ＬＧＢＴ、中絶問題などなどが州の判断に任されているんです。

おそらくは進化論というのは神様をないがしろにする考え方なんです。そしてそれを認めないというのがアメリカの本質なんではないだろうか。アメリカというのは神の国なんですな。トランプさんを見てるとそう思うよ。一瞬にして世界を変える可能性を信じてるんだもん。

アメリカっていう国は王様がいなくて神様しかいないんです。神様しかいないから、神様の真似をしたがるんだ。だからクスリをやりたがる人が多いんじゃないかな、「これで俺も神になれる」って錯覚をしたいから。

最後の問題はオックスフォード大学生物学科。

――大型で獰猛な動物はなぜこんなに少ないのでしょう？

数字なんか知らなくても、なんか書けそうだよね、この答案。でも、「大型で獰猛だから数が少なくても生き残っていけるから」なんていう単純過ぎる解答はしないでくださいね。

例えばホッキョクグマを例にとって考えてみましょう。

ホッキョクグマ1頭につきアザラシがまぁ10頭は必要なんです。1年で10頭食わなきゃ体が持たんのですな。そのアザラシはというと1頭につき40匹のニシンを食わなきゃ1日持たない。そのニシンは800個の動物性プランクトンを食わないと持たない。動物性プランクトンは2万4000個の植物性プランクトンを食べないと生命を保持できないんです。そう考えていくとホッキョクグマ1頭を支える植物性プランクトンは80億個必要になる。つまり獰猛でデカイ動物がゴロゴロいると世界全体が滅んでしまうんだ。で、一番大事なのは太陽エネルギー。太陽エネルギーを栄養に換えることができる生き物は植物だけなんだよ。植物に対する敬意のない文明は滅びるよ。植物性のものを喜んでいただき、喜んで育てないと文明そのものの力がなくなってしまいます。

な〜んて、いろいろなことが連想されて考えさせられる、そんな問題が紹介されてます。受験生じゃなくても楽しめる入試問題集ですから、チャンスがあったらぜひ、挑戦してみてください！

脳は、なぜあなたをだますのか

——知覚心理学入門

妹尾武治（著）／ちくま新書／2016.8.10

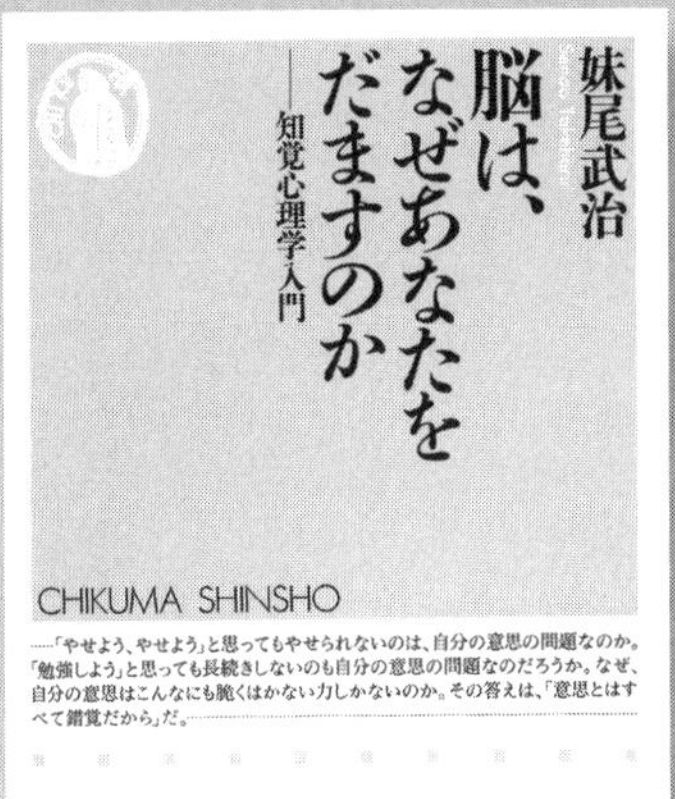

この章のサブタイトルをつけるとしたら「お〜い！　中の人！」なんだ。中の人とは誰のことかというと、私の中にいる人のこと。「私の内側に誰かもう一人、人が住んでるんじゃないか」っていう感覚が昔からあってね。そう、私の中の小さい武田鉄矢、リトルテツヤがいて。でも、時々そいつが何を考えているのかわからないときがあるんだ。まずは、そんな「俺の中の人、お前はいったい何考えてるんだ！」と最近感じたときのお話からしてみようかな。

私は趣味で合気道をやっておりますが、これがなかなか面白い武道でございます。日々発見があるんです。私と変わらない年齢の高段者の方から指導を受けておりますが、そういうご高齢の高段者の方って、時としてものすごく不思議なことをおっしゃるんです。

合気道は「取り」と「受け」の2つに分かれて稽古をします。取りは技をかけるほう、受けは最初に仕掛けて技をかけられるほう。この役割を繰り返して技を身につけていくんです。一番最初に師範が前に出てきまして、「こういう技をやりなさい」と技を見せてくれるんですな。それを「見取り稽古」というんです。師範の動きを見て取って覚える訳ですな。師範の技を見てると、あんまり難しそうに見えないんですよ。相手が掴んでくるところを、クルリとその腕ごとくぐって逆を取り、投げる。簡単にできそうに思えちゃう。

ところがやり始めてみると、どうしていいかわかんないんです。「あの動きはなんだったのか？」っていくら考えても答えは出てこない。

技をかける人、かけられる人に分かれて取りかかるんですけど、自分が技をかける側になった場合、かけられる人に向かって「たしかこういうふうに動くんですよね？」って相談するんです。相手が私と同じくらいの腕前の人だと、こんな具合の会話が続きます。

「師範、こう動いたよね？」

「えっ、そうでしたっけ？　腕を上から取りました？　下からじゃなかったですか？」

これが五、六段の高段者だと、「こうでしたよね？」と相談すると、

「考えてはいけません」

という答えが返ってくるんです。それで私が考えるヒマもなく仕掛けてくる。私を掴みにきちゃうんですが、どうしていいかわからない。考えずに動けって言われたって、どう動いていいかわからないよ。

ところが、3～4年も合気道を続けていると、なんとなく動くようになってくるんです。もちろん半分くらい外れることもあるんですが、師範の動きの真似をしようと考えすぎていたときよりも、早く正解にたどり着くようになってきたんだ。「そうそう。ほら、覚え

てるじゃないですか」って言葉をいただく回数も増えてきた。そんなとき、なんだか自分の中のリトル武田鉄矢が私の身体を使って私を動かしているような感覚になるんですな。

　師範や高段者の方々がおっしゃる名言は、「身体に任せるんです」。うっすらとはわかるけど、これはいったいどういうことなのかなぁと思いつつ本屋に入りましたら、妹尾武治さんの『脳は、なぜあなたをだますのか』という本に出くわしたんです。これは知覚心理学の本でして、「人が心に抱く意思は錯覚である」ということが書いてあるんだ。脳っていうのはことごとく錯覚する。錯覚で世界を作っているんだ、という本なんです。

　皆さんは「ベクション現象」って知っていますか？　例えば坂道に車を止めるでしょ。そのとき、止まっていた横の車が動き出す。その瞬間、「おおっ！」って感じない？　自分の車が下がっているように感じて思わずブレーキを踏んでしまうって経験。これがベクション現象。視覚情報で身体の移動感覚が誤作動を起こすんだね。脳というのはかくのごとく、いとも簡単に誤作動を引き起こしてしまうんです。車を運転しない人でも、激しく流れる川をじっと見つめたことあるんじゃないかな。そうすると不思議なことに、その流れと反対の方向に自分がものすごく速く動いているように錯覚したりする。隣の電車が動き出して、「逆方向に電車が走ってる！　乗り間違えたかな⁉」って慌てるのも同じだね。映画の『スター・ウォーズ』のワープのシーンなんかもそう。ボタンを押すと星がピューンと線になる。すると自分が画面中央に吸い込まれていくようなベクション——視覚誘導性自己運動感覚——を起こすんだ。

ベクションは視界の真ん中よりも周辺視野に提示するほうが誘発されやすいんだってな。それから視覚だけでなくって、聴覚にもあるんだって。頭の周りに360度スピーカーを並べて回転させる。すると驚くなかれ！　自分が回転するように思うんです。なんと皮膚感覚にもあるんです。乗馬のような動きをする健康器具あるじゃん。あれに上下左右に揺さぶられているときに、一方向から扇風機の風を当てると本人は風に向かって進んでいるというベクションが起こる。

これらのベクションはなぜ引き起こされるのか？　これは入ってきた感覚について脳が「こんなふうなんじゃない？」って考えて世界を作っているんです。これが私の体の中にいる人の感覚なんです。

例えばまだ発車しないと思っていた電車が動いた。

「あ、今のは地震だ」

「あのヤロー、俺にぶつかりやがったな、チクショー！」

「いかん目眩だ」

などなどと、その理由を脳っていちいちつけたがるんだ。でもさ、車に乗っているときに本当に地震にあっても案外気がつかないものだよな。車はもともと揺れているから。「なんか街路樹の揺れが変だから地震かも」ってやっと気づいたり。脳ってあんまり賢くないんだな。


もちろん脳ってものすごいところもあるんだけど、ものすごい間抜けでもあるんだな。例えば俺、自転車描けない。俺だけじゃなくて周りの人間に描かせてみたら80パーセントくらい描けないいんだよ。脳ってすげえ深いこと考えてるみたいに思ってるかもしれないけど、意外と馬鹿。

「水洗トイレの水ってなんで流れるか、あなたはよくわかっていますか？」って聞くとちゃんと説明できない人がいっぱいいるよ。「私は大丈夫」って自信満々な人には問題出しちゃおうかな。

バットとボール、お値段の合計が1100円。バットはボールより1000円高い。さてボールはいくらでしょうか？

これ、共演者たちと盛り上がったクイズなんだよ。だいたい皆さんは100円と答えるんだよね。でもそうするとバットとボールの値段の差が900円じゃないとおかしくない？　このクイズの話をラジオでしたら、アシスタントの水谷加奈さんがずっと考え込んじゃってその後の番組が上の空になっちゃった。皆さんを悩ませても申し訳ないので、答えを早めに出しておきましょう。ボールの値段は50円。バットの値段は1050円。これで合計1100円、値段の差は1000円になるんです。な、脳って案外あてにならないだろ？

跳び箱を跳ぶ、ボールをシュートする、飛んできたボールを打つ……、そういう行為を人間は平気でやっている。スポーツ中継を観てても、それを当たり前のこととして見てますよね。でもね、「跳び箱を跳ぼう」「シュートしよう」「ボールを打とう」って考えてたらどうしても0・5秒かかるんだって。ボールが飛んでくるから打つでしょ？　あれ、打とうと思ってバットを振ったんじゃ遅いんだって。実は振ったあとに打とうと思ってるんだってね。そんなズレがあるんです、身体と脳には。合気道なんかの武道は体験としてそのことを知っていたんですね。だから「考えるな」と教えられる。実は人間の全ての行動は身体が動いてるんです。意思が動かしてるわけではないみたいなんです。

ではなぜ人間は跳び箱を跳ぼうと思ったのか、シュートをしようと思ったのか、ボールを打とうと思ったのか。それは記憶を残すためなんですよ。そう考えるとわたくしどもの中の無意識という「中にいる人」というのは何を考えているのか、改めて呼び掛けたくなるんです。

この本の著者である知覚心理学の妹尾武治さんはものすごいことを言い始めるんです。「意思・意識は行動の決定に何の意味も持たない」

どうも意思や意識は思い出として包み込み、しまい込むために脳が整理整頓するためのものじゃないかと言うんです。だから女性が別れを切り出す前によく言う「あなたが私の本当に愛する人かどうか、私、何べんも考えたの」なんて言葉は嘘なんだよね、科学上では。

例えば選挙の投票。皆さんは「自分は、マニフェストや政見放送をよ～く検討して清き1票を入れた」と思っていらっしゃるかもしれません。でも、選挙民が自由意思によってあの人を選んだなんてことは嘘だと著者の妹尾さんは考えてるんだ。では、選挙の投票は何によって選んでいるのか？　妹尾先生はこう答えます、「ただの印象」と。

「投票行動のような世界を変えていく意思決定も実は印象に対する反応なのだ」と言うんですよ、先生は。実際、全米では71・6パーセントが印象のみでトランプさんを選んだみたいですね。5歳から13歳の子供に選ばせてみると77パーセント。投票に慎重なはずの大人と比べてたった約6パーセントしか違わないんだって。印象って、美醜の他に、競争力があるとか信頼感があるとかいろんな尺度があるけど、大統領を選ばせたら大人も子供もあんまり変わんないんだな。

人間はみんな印象派。合理的な意思なんてほとんど持ってないんだ。だから簡単に印象操作されてしまう一面を持っているんです。

AとBという2人の女性の写真を見せて「どちらが好み？」と聞く。

「私はAがタイプだな」とそのAのほうを指差したとするよね。そのとき、質問者があえて間違えて「この人？」ってBの写真を出す。すると大半の人が「そう、この人」って言うんだ。

どこが好きかって言う理由を聞かれても、同じことを言うんだって。

「Aの人は目が優しそう」と言っている相手にBの写真を出しても「目が優しそう」とか言うんだって。だからあの人が好きだという理由は、あてにならないんです。ぼんやりでいいから覚えておいて、「人は決して合理的な意思を持って恋をしている訳ではない」ってことを。

ノーベル賞を取った研究にプロスペクト理論っていうのがある。

今、5000円を10人全員がもらえるイベントと、7000円を10人中8人にプレゼントするというイベントがある。さあ、あなたはどちらのイベントに参加しますか？

すると多くは5000円のイベントに参加しようと考えるんです。7000円のイベントでもらえる金額は7000円×8人÷10人で一人頭5600円。期待値だけで考えると7000円のイベントのほうがトクなんです。でも、2名でも落選者が出るんだったらそっちのほうにはいかないのが人間なんですな。これが借金になると全く逆で、全員が10万円の借金のうち半分の5万円が免除になるケースと、半分の人数が借金チャラ、残りの半分の人は10万円の借金が残ったままというケースでは、圧倒的に後者の「50パーセントに賭ける」ケースを選ぶ人が多くなるんだ。

こういうのって、実は経済に深く影響してるんだ。20万円の脱税で10万円を罰で払えとされるのはものすごく不幸なんだって。でも2億円の脱税で1億円の罰金払えというときは、10万円の千倍不幸かというとそうでもない。むしろ心理的打撃としては20万円で10万円の罰金のほうが不幸を感じてるんだよね、期待値的には。

人間の心の、というか無意識の傾向ってあるんだよな。

①告白すると恋人になれる可能性がある

②友だちのままでいい

③もしかすると気持ち悪いと言われるかもしれない――

この3つの結果が待っているとして、あなたはどの予想を取りますか？　と、人に問うと、多くの人が②を選ぶんです。あんまり両極端の予想をしたがらない。人というのは万が一の成功よりも負の期待値が低いほうがいいんだという生き物なんですなあ。プロスペクト理論というのはこういうことも研究しているのですな。平凡でもいいから安心していたいのが人間なんです。

私が尊敬し、敬愛する現代思想家であり合気道家でもある内田樹先生がおっしゃってる言葉で、ギクッとしたのがあるんです。「恋がうまくいっているときほど、相手に意外な一面を発見すると、男女はそれを裏切られる予感としてカウントする」。うまくいってい る2人だけど、ある瞬間だけ期待した行動と違う行動を相手にとられる。手を繋いで歩いてるときに、相手の娘がちょっと手を離した。その瞬間の仕草に、違う男の匂いを勝手に感じたり。そんなことが何回もあると、結婚する相手にはならないんだろうな。

自分では気づいていないけど、人間ってあんまり論理的ではないのかもしれないね。我が家では高価で割れやすい、美しいガラス器は高いところに飾っておいて、あんまり使わない。反対に普段使いのものは低いところに置いてて、運よく一枚も割れないんだよな。理屈で言ったら高いところに割れやすい高価なものを置く必要はないのに、高価なものほど人間は高いところに置きたがる。掲げたがる。まことに不思議な習性を我々の心は持っているのであります。

人間の本質はちっとも論理的ではない。このことを証明するためにこんなゲームをしてみたらどうだろうか？　左から黄色、オレンジ、緑のカードを並べてあります。この3枚のカードのどこかにもう1枚同じ種類のカードが隠れています。さあ、それはどのカードか当ててみてください。

そう言われて、例えば真ん中のオレンジをあなたは選んだとします。そのとき出題者が「ヒントです」と言って右の緑をめくったら、カードの下は空。出題者は、「本当にオレンジでいいですか？　変えてもいいですよ」と言いました。あなたなら、選ぶカードを黄色にしますか？　それともオレンジのままにしますか？

これ、自分が選んだカードを変える人、少ないんだよね。確率で考えると最初は3枚あったからオレンジが正解の確率は33パーセント。しかし出題者が意図的に1枚を外した。設定そのものを変えてしまった。するとね、オレンジが正解の確率は33パーセントのままだけど、黄色が正解の確率は66パーセントに上がるんです。ホントに何百回も実験するとわかるんだけど、選択をし直したほうが確実に当たる可能性が高くなる。でも人間って最初の直感にすがりついて選んだ色を変えようとしないんだ。

同じ実験を人間にも鳩にもできるようにアレンジしたら、鳩は95パーセント、チェンジするんです。最初のうちは人間も鳩も70パーセントがステイ——選択を変えないんだって。でも、実験を何回も繰り返すと、鳩はほぼ100パーセント、選択をチェンジする。しかし、人間はいつまでたっても選択を変えないんだってな。

確かに人間って、そういうところあるよな。最初の自分の決断に囚われて不幸な道を歩んでしまうことも多いんだ。特に災害避難の場合、設定条件が変わっているのに選択をし直さない人間特有の習性が凶に出るかもしれない。「人間は70パーセントもステイを選ぶ」ということを常識として捉えて、災害時の注意喚起の方法を改めて考えるべきなんじゃないかな。

注意といえば、心理学には「注意資源」ていう言葉があるんだよ。簡単に言うと注意や集中するためには燃料が必要で、あんまり注意し続けるとその燃料が減ってしまう。絶えず注意喚起を受け続けると、その注意に対して鈍感になるんですって。

たった一回入ってきた情報のほうが人間はチェンジを選ぶ。絶えず「お気をつけくださ い」ばっかり繰り返されると、人間は気をつけなくなるんだ。

この注意資源というのは、生来の天賦の才が大きく出るんだ。それから加齢による衰えもあるらしい。例えばね、バスケのドリブルをしながらかけ算をやることを想像してください。ボールをつきながらかけ算をやるということは、高齢者には難しく、運動神経の鈍い人はさらに難しくなる。自分に思い当たる方々は、選択が迫られる場面でステイしてしまうことにものすごく注意深くなったほうがいいんです。

注意資源が減ってきている高齢者が、オレオレ詐欺の被害に遭いやすいのもこの点なんですな。電話をかけてきたその人が本当に孫なのかどうか、その肝心な部分を考えさせないように相手は電話で次々に課題を重ねるんです。そうすると疑わなくなって相手の言葉にのみ注意がいってしまう。

オレオレ詐欺の手口って、その人の持っている注意資源、つまり注意に向ける情熱とか集中力を奪うために別の課題を出すことがキーポイントになってるんだな。「銀行の暗証番号は何番?」「出すやり方、知ってる?」「スマートフォンで振り込む方法、知ってる?」とか、矢継ぎ早に聞かれると、注意が全部そっちにいくんです。で、確認すべき肝心なことを忘れてしまう。「私が騙されるはずがない」なんて思っている人でも簡単に騙されるのは、ちゃ〜んと科学的、心理学的な根拠があるんです。

毎年暑い夏が続いていて、テレビが暑さ対策を語るんだけど、その中でカチーンとこの爺さんの気持ちを逆撫でするお天気お姉さんの言葉があるんだよ。それは「不要不急の外出はお控えください」ってやつ。暑い盛りの中で、仕事で太陽の下に行くことって、日本の経済を回すためにも、自分の人生のためにも必要じゃないか。太陽の下で働いている人って不要不急？　そんなことないよね。俺だって猛暑の中、時代劇の撮影をしてるんだ。

制作の人が塩飴と麦茶を勧めに来たり、アイスキャンディーを差し入れてくれたり。60歳、70歳の高齢者の出演者と孫のようなスタッフが、木陰で「カァーッ！」って悲鳴をあげながら「ガリガリ君」を食ってる。そんな楽しい職場なんだよ。確かに芸能って職業じたいが不要不急のものかもしれない。でもさ、それに賭けて生きている老若男女の人々が世の中には存在してるんだ。注意喚起っていうけど、不眠不休……じゃなくて不要不急の外出はやめましょうとか言うのは、親切なようでどこか人を切り捨てているような冷たさと傲慢さを感じてしまうんだよな。

「不要不急の～」なんて言ってる人たちが次に言うのは「私の注意を聞かなかった人が熱中症で倒れました」なんだ。あからさまには口にしないけど「ご老人がクーラーをつけずに倒れていました」なんてニュースで言う。でもさ、年寄りは神経痛が痛むからクーラー入れないいんだよ。俺だってクーラー強すぎると肩が痛むんだよ。そういう人たちにたった

1つの答えしか用意せずに「クーラーを使いましょう」とか言うのは、人々の暮らしの一断面しか見てない傲慢な考え方なんじゃないかな。

実はこういう物言い、「ダブルバインド」と呼ばれる、人を縛り付け、人を動けなくする言葉遣いなんです。例えば「お前が大いに反省しているなら、できるはずだ」という責めかた。「反省しています」と返事をすると、「なら、なぜできない」と詰められる。逆に「できるはずだとおっしゃるんなら、できないのはなぜですか？」と切り返せば、「反省してないからだ」と言う。こういう二重構造、二重課題になっているんですな。

今も覚えてるよ、昔あるコンサートでチーフが使っていた言葉。

「お前たちそこに並べ。このままでいいと思っているのか？」

今思えば、これ完璧なダブルバインド。いいえと答えれば「なぜやらない」、はいと答えれば「なぜできない」と、こうなる訳です。

お母さんって、子供によくこの手の言葉遣いするよね。

「私が心配してるのに、どうしてあなたはわからないの？」とか。

わかってると答えれば、「いいえ、わかってないから心配してるの」とくる。心配しないでと言えば「どれだけ心配しているのか、まだわかってない」と言われる。女の人はこういう相手を動けなくさせるダブルバインドを使うの、うまいよな。

夫婦関係などでもよく使うよね、ダブルバインド。俺なんかもう今は逆らう元気も力もなくしてますよ、うちの奥さんに対して。完全に逃げ場を失っております。

いっとき問題になった、「相手を潰せ！　やらないと意味がないからな」。そう、アメフトの監督の発言。あれも悪魔の二重課題、ダブルバインドでございます。そらやるわ、反則。

商品の売り込みなんかもよくダブルバインド話法が使われてるんですな。中年女性に「お肌のシミ、気になりませんか？」って言ったら、誰もが「気になります」って答えるんじゃないかなあ。「梅雨時のジメジメ、嫌ですねー？」と言ったら、「本当にそうですね」と答える人のほうが多いでしょう。でも、こういうのってもうすでに相手の罠にはまっているのも同然なんです。自分自身の無意識はもうすでに相手に操られ始めていると思ったほうがいい。では、こういうのを避ける方法とは？　お教えしておきましょう。「シミ、気になりませんか？」と言われたら、「気になりませんが」。「梅雨、嫌ですね？」と聞かれたら、「私はそうでもない」などと答えることです。

マインドコントロールの手法に相手に機械的に肯定の仕草である「頷き」を繰り返させるというのがあります。「頷き」を続けているうちに、無意識は話し相手に従い、賛同と従属の行動をとってしまうんですな。威圧的な指導者が人に対して「はい」という返事を強制的にさせる、その最初の手がかりは「頷き」です。

「アメリカをもう一度、偉大な国にしましょう！」と言われれば、アメリカ人は誰でも「はい」って答えるよな。当然、そう言うに決まってんじゃない。で、ずーっと「はい」の返事をさせていくうちに、とんでもないことを言うんだよ。「10代の少年たちを鍛え直すために、みんな軍隊入ろうよ！」。すると思わず「はい」って言ってしまうんです。肯定の「はい」を繰り返させることによって、相手のマインドをコントロールするんです。逆の意味で言うと、とりあえず首を横に振る人っているよね、誰がなんと言おうと、まず1回首を振るところから始める人。こういう人を相手に何を言っても賛同はしてくれない。些細な仕草が自分の〝無意識〟を作ってしまうんです。

このマインドコントロールの手法を、ロシアで行われたサッカーのワールドカップでキャプテンの長谷部誠（当時）が上手に使ってたよ。相手に得点を決められた日本。すかさず、長谷部キャプテンは「下を向くなっ！　下を向くなーっ！」ってチーム全体に声をかけたんです。下を向いて敗者のポーズをとると、余計にパフォーマンスが落ちていくんです。しかし、上を向く、前を向くと気分って高揚してくるんですよ。これは脳をだますテクニックなんです。こういうテクニックはいろいろあって、日常でも使えることも多いんだ。相手の意見がたとえ間違った意見でも、頷いてあげる。するとその間違った意見の中からも良いものが見えてくるんですってね。頷いたり、首を横に振ったり、頭を上げて前を向いたり……、そういう動作が脳を動かしていくんです。どうです？　面白いでしょ。

合気道や柔道、剣道やお相撲もそうだけど、これから戦う相手に向かって頭を下げます。これも意味があるんだと思うな。「私はあなたを尊敬しています」というポーズをとることによって、「そのポーズが自分にも相手にも卑怯なことをしない」ようにさせるという効果があるんじゃないかな。

寒稽古なんかも無意識を鍛える訓練なんだ。寒いのを我慢してやるでしょ。そうすると「我慢」という行動様式が無意識に宿る。我慢が無意識に宿ることで、寒さだけでなく、わがままな妻の無理難題なんかにもおっとり受け流すこともできるようになれるんだ。つまり、環境に支配されない「耐える力」がいろいろな分野で一斉に芽を吹き始めるんです。

寒さだけでなく、貧しさや苦しさ、寂しさにも耐えることができるようになる。脳じゃなくて無意識が耐えることを覚えるんだな。

無意識を励ましたり騙したりしながらタフになろう――そういうことは武道やスポーツでは身近に見られます。これから戦う相手に一礼する、自分が競わなければならない場所に一礼する。例えば箱根駅伝。自分の区間を走り終えてタスキを手渡した瞬間、ふらふらの生まれたてのバンビみたいになりながらも、自分が走った空間に対して一礼する選手。一見、不思議な動作かもしれません。しかし、そういう行動が無意識を動かしているんですなぁ。

動作や行動から無意識が作られるんだから、頭で思ってるより礼儀作法って大事なんだよ。どんな人でも結構ですから、朝の挨拶「おはようございます」、帰りの挨拶「お疲れ様」と声をかける。これは行動によって相手への敬意が生まれてくるだけじゃないんだ。「単純接触効果」と言いまして、無意識のうちにだんだんとパワーが宿ってくる。人間を動かす力になってくるんです。どういうことか説明しましょう。人間は接触する回数が増えれば増えるほど好感を持ってしまう生き物なんです。むかつく上司ほど、逃げ隠れせず大きくお辞儀をして静かに笑顔を見せる。するとそのうち上司もあなたに好感を持つようになるものなんですよ。これを利用しているのが、テレビやラジオのコマーシャル。毎日同じコマーシャルを流すことによって、単純接触効果で好感を持ってしまうんでございますな。

無意識を動かす方法には、アンカリングというのもありまして。あらかじめ、ある前提を、ある基準を設定しておくと、相手がそれに引きずられてしまう効果があるんです。例えば、こんな問題の投げかけ方です——。

「日本で双子が生まれる確率は、300組に1組生まれるか、それ以下か?」

どうですか? あなたの答えは。実はこれ、正解などどうでもいいんです。「300組」と最初に言われると、それがアンカー、つまり錨となって「双子とはそれほど稀な出生率なのか」と無意識に思ってしまう。実際は51組の夫婦に1組生まれるくらい珍しくないんです。ところがアンカーで300組ということを打たれると、人間はどうしてもその300という数字を中心に考えてしまう。

「平成25年で男性の喫煙率は15パーセントより高い? 低い?」と問うてみます。高低を聞いたあと、何パーセントだと思うかを問うと、12パーセントとか18パーセントという答えが返ってくるんじゃないかな。でも正解は32・2パーセント。どうしても15パーセントに縛られてしまうんだ。

これ、近頃のクイズ番組で年がら年中やられてるよね。ある問題が出た瞬間、「東大生正解率50パーセント」とか「小学生正解率5パーセント」とか横のほうに出てくるパターン。それ見て難しいとか易しいとか思ってしまう。それからテレビショッピング。特別セールの呼びかけなんかで「ここで残念ですが、おひとりさま4個！ということで、今ここへお電話を！」なんてやるよね。これ、「お好きなだけ」という呼びかけや、「4個まで」「12個まで」という呼びかけなどアンカーを変えて実験したところ、「お好きなだけ」という呼びかけは73個、「4個まで」は106個、売れたんだって。ところが「12個まで」と呼びかけたら188個売れた。限定の上限を目指すんだね、人間は。このあたりが人間心理の面白いところでございますな。

「お〜い！　中の人ぉぉ！」と声をかけたくなるケースの最たるものは、恋愛のときかもしれないね。心では『無理だ』とか『うまくいくはずがないから、好きになるのはやめておこう』なんて思っていても、思いのほうはつい暴走してしまう――なんてことあるじゃない。これはもう、「中の人」が暴れまくっているとしか思えないよな。

よく「吊り橋効果」という言葉を耳にするよね。吊り橋を渡るときのハラハラを、恋しているときのドキドキと勘違いして、本当に恋心を生んでしまうってやつ。でも、あれって男女差があるって知ってた？

元々はカナダの渓谷で木製の激しく揺れる吊り橋の上で異性のインタビュアーが声をかけ、いろいろ聞きながらアンケート用紙を破ってインタビューされる側に電話番号を渡す。女性がインタビュアーの場合、23名の男性のうち18名がこの紙を受け取り、9名が実際に女性のインタビュアーに連絡を取ってきた。でもね、実はこの実験、男性がインタビュアーのケースも実験してるのよ。しかし、同じ人数で実験しても連絡を取ってきた女性は2名のみ。ハラハラドキドキの吊り橋効果っていうのは女性には効かない。と、こういうことがこの本の巻末に書いてあったんです。

残念ながら、なぜ女性には効かないかまでは書いてなかったのよ。吊り橋効果って言葉はポピュラーなのに、女性が被験者の場合あまり効果がないことは知られていない。ちゃんともう片方の実験結果も取り上げるべきだってことで終わっていて。

そこで武田さんは代わりに考えた。

人間の中には誤解する力、「誤解力」っていうのがあるんじゃないかって。

男女の差って、この誤解力なんだ。誤解力は男性は高く、女性は低いんだ。

言葉を換えれば、男性はハラハラドキドキしたがり、女性はハラハラドキドキさせたがる。これね、女性に言うと納得するよ。女性ってハラハラドキドキさせたがる生き物なんだよ。誤解させているという自信こそ女の力なんですよ。

男にとって誤解することこそが生命力なんです。

そして、女性にとって誤解させることこそ生命力なんだな。


それが証拠に昔話を見てごらん。真実を見た男に対する女性の最高の呪いの言葉は「み〜・た〜・な〜!」だろ? 男が誤解してくれなくなったとき、女の力は失われるんだ。反対に男というのはなんでも誤解するんだ。鶴を見て絶世の美女に見ちゃうんだから。それどころか、ハマグリを女と思って女房にしてしまう『ハマグリ女房』という昔話もあるんだから。


だから恋に真実なんて意味がないんだよ。そんなのは脳の後付け。

だってさ、女性が別れるときに言う言葉って、だいたい決まってるでしょ?

「あなたという人のこと、わかったわ」だよ。

男性はどうかというと、

「お前、そんな女だったのか！」だよな。

両者ともに誤解させる力がなくなった。誤解する力も失せた。……恋の終わりとはそういうものじゃないかなぁ。


そう考えると誤解するのも一種の生命力と言えないかい？

さっきの選択をチェンジしないという話に戻るけど、気象庁が豪雨警報を繰り返しているのに自宅に留まって災害に遭われる方がいまだに多いよね。これは警報の出し方に誤解力に訴える力がないのも原因じゃないかな。正確に言えばいいと思ってるんだよな、警報を出す側って。で、その正確に言おうとする態度が、「チェンジする」「逃げ出す」っていうチカラを生まないんですよ。

「この3日間で7月に降った雨量の3倍の雨が、この1日で降りました」なんて言われても、なに言ってるかワカンねぇんだよ！　全然ピンとこない、こんな言い方じゃ。

女性アナウンサーの皆さん！　女性のほうが誤解させる力があるんだから、正確な物言いよりも誤解力を起動させるような語りかけをしてほしいよね、こういうときは。だからね、実際に被災された方には本当にお気の毒なんだけど、自分の家も「実は危険な場所である」という誤解を持っていないと。「台風が来たら、まっすぐお家に帰りましょう」って言うお天気お姉さんがいる。家が一番安心だと思っているから。でも、そのおかげで土砂崩れで犠牲者が出ることもある。1回、「チェンジする」という可能性を考えさせる物言いの仕方をしたほうがいいんじゃないかな?

日本は地震、台風、豪雨が常に起きる、はかない吊り橋のような国です。ですから、たくましき誤解をする力、誤解力を持つことこそが大事なんです。そして同年代の方々に呼びかけたいと思います! 自分の中にいるもう1人の自分——「中の人」——の判断に身を委ねてしまうときも必要なんです。

そして私も声を大にして叫ぼうではないか!
「おーい! 私の中の人! しっかり誤解していこう!
一生現役! 最後の恋は、この先にある!」って。

世界からバナナがなくなるまえに

――食糧危機に立ち向かう科学者たち

ロブ・ダン（著）、高橋洋（訳）／青土社／2017.8.15

歴史を振り返ってみましょう。1万3000年の昔、わたくしどもの先祖は数百種類の動植物を食べていました。しかしわずか3000年ほど前に急激にその種類が減っちゃった。なぜ減ったか、賢明なる読者の皆さまならおわかりでしょう。そうです。農業が起こったからです。人類の食物の多様性はこの時期を機に失われていった。現在ではデンプン質の90パーセントは15種類、80パーセントならわずか12種類の植物から得ているのだそうです。

今地球では、自然の草原よりトウモロコシ畑のほうが総面積では広くなってるんだってな。それくらいトウモロコシの栄養に頼ってるんです、人類、特にアメリカ大陸の人たちは。また、アフリカ・コンゴ盆地の人々のカロリーの80パーセントはキャッサバという芋で賄われています。キャッサバって最近ブームだったタピオカの材料なんだってな。中国では米。日本や他の東アジアの国々も同様でございます。

北米はトウモロコシ。その他、小麦やジャガイモ……。これらの植物でほとんど全人類を養っているんですな。忘れてはならないのが、これらの植物が家畜の飼料としても使われていること。そう考えてみると現代の人類は今、たった数種類の植物に頼った生活をしていると言わざるを得ません。

あまり意識には上らないけど、植物っていうのはまさに人間の命運を握っているんだと実感したのは、ここで紹介する本がキッカケなんだよ。ロブ・ダンというノースカロライナ州立大学の教授が書いた『世界からバナナがなくなるまえに――食糧危機に立ち向かう科学者たち』というタイトルの本。衝撃的だよな、バナナみたいなありふれた果物が突然世界の食卓から消える可能性があるっていうんだから。いやバナナだけでなくて植物の品種が数ヶ月で全滅してしまうことが現実に起こりうるということを教わったんだ。

さてまずは表題にありますところのバナナについて。

1950年代の頃、こんな歌がありました。

「♪デーオ、イデデェヨ～、デライカムアンミワンゴホーム」

全世界的にヒットしたハリー・ベラフォンテの『バナナボート』。全世界で大ヒットしたポップスです。皆さんはこれどういった歌か知ってる？　えっ？　「バナナボートに乗って君を誘うよ」みたいな感じ!?　違うんだよ。そんなロマンチックな歌詞じゃなくて、「積んでも積んでもバナナの出荷が忙しくって、お家に帰れない」って歌ってるんだ。「Day-light come and me wanna go home」て夜が明けても家に帰れないほど忙しいって意味なんだ。

歌の舞台はグアテマラ。当時のグアテマラのバナナ輸出は凄まじくってね。アメリカのバナナ会社のユナイテッド・フルーツという会社がグアテマラの土地を買いきって、バナナプランテーションで儲けていたわけです。グアテマラの国民総生産の2倍のカネをバナナが稼いでいたっていうから、いかにすごかったかわかるでしょ？

ところがこのグアテマラという国、バナナで食えなくなるんです。その理由とは？　たった1本のバナナが風邪を引いたから。つまり病気になっちゃったからなんです。

パナマ病菌という葉っぱを腐らせる病原体が広がって、ホンジュラスで3万エーカー、実に東京ドームの2400倍の範囲のバナナが腐り果てた。そしてその数ヶ月後、グアテマラにもその病は飛び火して、グアテマラはバナナ帝国の座から脱落してしまったんです。今はグアテマラはバナナじゃなくてコーヒーで生きてます。パナマ病で一瞬にして国のドル箱がパーになってしまったんですよ。すごい話でしょ？

でもね、このコーヒーだってじつは危ないんだ。なんでかというとね、コーヒーって挿し木でどんどん増やされていくんだ。だから同じものなんだって。クローンなんだよ。

バナナも似ててさ。もともとタネがあるのが普通だったんだけど、タネのない種類が発見されて、株分けで増やしてったんだ。遺伝子が同じだから弱点も同じなんだな。ある病原体に弱ければ、すべてのバナナがダメになってしまう。コーヒーだっていつそうなってしまうかわからない。生物の多様性って子孫を残す上でものすごく重要なんだ。

農業の画一化は単位面積当たりの収穫量を夢のように増大させました。でもね、滅びるときはわずか数ヶ月で全滅するという危険性を持っているっていうことを忘れてはいけません。


食用の植物が病気になると本当に悲惨なんだ。皆さんはジャガイモ飢饉って知ってるかなあ。1845年の9月6日、アイルランド。イングランドから紛れ込んだと思われるジャガイモから病が畑に広がり始めた。その畑だけと思われたジャガイモを腐らせるジャガイモの疫病はわずか7日――1週間で一地方のジャガイモ畑を壊滅させたんです。病気の拡散に手の打ちようがなく、10月までの2ヶ月間で100万エーカーの畑がダメになった。

計算してください、皆さん。1エーカーが1224坪。12億2400万坪の農地……、もうよくわかんない、実感できないけど、とにかく見渡す限りのジャガイモ畑が腐っていったんだ。

すごいんだって。その病に感染したジャガイモは硫黄の匂いを発し始めたんだ。火山の近くのような匂いだよね。その匂いのことをイギリスの新聞は地獄の匂いとたとえたそうであります。

アイルランドの人々にとって、そのたとえは正に現実でありました。ジャガイモという穀物を奪われたアイルランド農民は草や木を食べて、なんとかその年を凌いだ。ところが翌1846年の春、雨が続き、ジャガイモは全く芽を出さず、おまけにジャガイモの疫病が再び襲ってきた。

ついに本格的な飢餓が始まり、死体を埋めても穴に入りきらず溢れだすといった状況になってしまったんです。そして1847年、銃を持つものは山野で動物を撃ってそれを食ってた。ネズミだって食った。……ところがその年の9月になると、銃を持つものはその銃で自分の頭や人の頭を撃ち始めた。本当の地獄絵図になっていくんですな。

1日の死亡者、餓死者は1000人を超え、その年の12月には餓死者は10万人を超えた。最終的には100万人のアイルランド人が死んで、50万人の人がアイルランドを捨てて国外に逃げ出した。そのほとんどがアメリカに新天地を求めたんだ。そのとき、海を渡った一家がケネディ一家で、アメリカまで行く運賃がなくてイギリスの港町リバプールにたどり着いたのがジョン・レノンの先祖。ジョン・F・ケネディにジョン・レノン。ジョンって名前の人はアイルランド人が多いんだよね。ジョン・フォードにジョン・ウェイン。みんなアイルランド系の人たちです。『風と共に去りぬ』の主人公スカーレット・オハラ一家もアイルランドからの移民だから、そうやって考えていくとジャガイモ飢饉って恐ろしいもんでしょ。生き残った人々の人生までも変えちゃうんだから。

ジャガイモって収穫の何パーセントかを種芋用にとっておいて、その種芋を植えて栽培するでしょ？　当時のアイルランドでは、飢えのせいでこの種芋まで食べてしまって、種芋の価格が急騰し、人々の貧困が余計に進んだんだよ。ところで、ジャガイモもバナナと同じ危険をはらんでいるってわかるよね。なぜかというと、このジャガイモもやっぱり単一の種だからなんだよ。弱点を全部共有しているから一度病気が広まると全滅の危機なんだ。そこで人間が考えたのが農薬。もともと葡萄の農薬として使われていた硫酸銅と石灰の溶液、いわゆる「ボルドー液」がジャガイモの疫病にも効くということがわかった。

今でも使ってるんだってな、ボルドー液。聞き覚えあるもん。かくのごとくして、飢饉や飢餓を避けるために穀物、つまり植物を疫病から守るためにさまざまな薬品開発がこの頃から行われるようになり、農薬散布が農業の過程の中に組み込まれるようになったんですね。まあそのおかげで、私たちもポテトチップスを食べることができるわけです。プライベートなことでありますが、私はついこの前、本棚の後ろに隠した湖池屋のポテトチップスを妻に見つけられまして、物差しでペシンとお仕置きされてしまいました。ポテトチップスぐらい好きなだけ食べたい……。いやいや、亡くなったアイルランドの100万人のことを思うと、そんなことを呟いたらバチが当たりますな。

農業という巨大な文明に支えられて今の文明があるんですが、現代の農業は多様性をなくしてしまっているのが危険な点ですな。米なら米、小麦なら小麦に集約して一点に食物が偏ってしまうことは非常に危ういことなんです。1種類のジャガイモが病気になるとたった数年で死亡者100万人。第一次大戦のイギリスの戦死者と変わらないくらいの死亡者を出すんだから。

確かに農業政策を1つ間違うと、戦争以上の犠牲を出してしまうことはありうるんです。例えば中国共産党。毛沢東という方のお話です。1958年、この毛沢東、言わずと知れた中国の最高指導者が、15年以内にイギリスに追いつき追い越すことを目標とした「大躍進政策」を発動したんですな。この大躍進計画、農業でも凄まじい戦いを展開したんです。自信に溢れた毛沢東は、農業において排除すべき4つの生き物を選び出したんだよ。その4つとはノミ、ネズミ、ハエ、スズメ。これらを標的とし、全国10億人の民に北京から「排除せよ！」と大号令が発せられたんだな。

これには中国の民も燃えたと思うよ。「ノミ、ネズミ、ハエ、スズメはカタキなんだ！

中国と中国共産党の繁栄はこのカタキを排除することで手に入るんだ！」と真剣にこの4つの生き物の撲滅に取り掛かったんだ。

特にすごいのはスズメの撲滅。もう1羽も漏らさず殺そうとするんです。その方法がまた凄まじい。中国独自の方法でスズメをやっつけた。それは10億の民全てが鍋や釜、棒や石を持って農村に立ってスズメがエサを食いに大地に降りてくるのを待つんですな。スズメがひとたび地面に降りると10億の民が一斉に石を投げつける。棒で叩きつける。鍋や釜を叩いて大きな音で脅す。するとスズメはエサもゆっくり食べられずにウワ～っと飛び上がる。これを何ヶ月も続ける。驚くなかれ！　中国共産党の報告によれば「疲労のスズメが落ちた」って言うんです。飛び続けて疲れて落ちるんですな。疲れて死ぬまでスズメを地上に降ろさないという方法を、毛沢東の命令に10億の民は全て従ったのです。卵だって見つけたら全て踏み潰す。正に根絶やしにする覚悟でこの国家を挙げた大事業に取り組んだんです。

この『世界からバナナがなくなる日』には恐ろしい数が並んでおります。もちろん「共産党の発表によれば」という但し書きはありますが、排除された生き物の数、ネズミ93万

4864匹、スズメは136万7440匹。ハエは驚くなかれ、4万8195キログラム。匹で数えるのも面倒臭いので、キロです。ノミは手で潰すものですから、ちょっとやっぱり……。でも1人1匹殺せば10億匹ですから、かなりの数にはなるんじゃないかな。短期間の間にこれだけ農作物の敵を退治した。その年からワーッと中国の大地には黄金の実りがたわわに揺れて豊かな稲が実りましたとさ。……とはいかなかった。スズメがいなくなったことで、なんと、かえって害虫を増やしてしまったのです！ そのために3000万人以上が餓死したという噂まであるほどの惨状だったのであります。

習近平さんは心から毛沢東のことを尊敬してらっしゃいますから、ご自身も第二の毛沢東になりたいと思ってらっしゃるかもしれません。でも、こんな愚行だけは真似してほしくないよな。……ということが著者のロブ・ダンさんのお考えが行間ににじみ出ていまして。決して私の考えではございません。何かご意見がございましたらロブ・ダンさんのほうへご連絡を。

でもさ、生態学の栄養カスケード——お馴染みの言葉でいえば食物連鎖みたいなものですな。これを一瞬でも崩すと、戦争以上の被害を人間にもたらしてしまうんです。第二次世界大戦で最も犠牲者を出した国のソビエトですら2660万人。スズメなどを退治して食物連鎖のバランスを崩しただけで、ソビエト以上の人数が餓死してしまうなんて。怖い話だよな。食物連鎖を人間がいじくってしまうと、これほどまでの悲劇を生み出す危険性をはらんでいるんです。

タレントのヒロミさん――松本伊代ちゃんの旦那さんね、彼とこの前、そんな話になったんだ。ヒロミさんて日曜大工が上手なだけでなく、猟銃持って山に入ってケモノを撃ってるらしいんだ。イノシシが専門なんだけど、捌くまで自分でやるんだって。で、以前小学校に迷い込んだクマを撃ち殺したら、全国から「かわいそうに」「残酷だ」って批判が集中したときのことが話題になった。村の人は言いたくなると思うよ、「じゃあ、お前が捕まえに来い」って。校舎の中に子供がいるんですよ。そりゃ猟友会の人、撃ちますよ。それから食物連鎖の話になって、ヒロミさんが言うには、シカってメチャクチャ悪さするんだってな。山の植物をなんだって食べちゃうんだって。草だけでなく、木の樹皮まで食べちゃう。それだけでなく人里に下りてきて農作物も食べちゃう。天敵がいないんだな。だから「オオカミを放そう」ってことで意見が一致したよ。天敵がいないことがシカの不幸なんだ。食物連鎖を狂わすと、必ずどっかにしわ寄せが来るんだ。そのひどい例が毛沢東の農業だよな。

冒頭でちょっとだけご紹介したタピオカの原料のキャッサバ。サツマイモと似たような根茎で、でんぷん質豊かな植物であります。原産地はブラジルで、もとから住んでいたインディオの方々も栽培なさっていたようですな。この植物、肥料なしの熱く乾いた土地でも栽培が可能なので、温暖化が進む昨今の地球では大注目の作物だそうです。熱帯において……東南アジアや西アフリカでは重大なカロリー源となっておるんです。なにせ作付け面積当たりのカロリー生産量は地球上のどの穀物、どの芋類より高いというんですから、西アフリカあたりでは命をつなぐ貴重な作物となってるんだよ。それだけでなく飼料にしたり、アルコールにしてバイオ燃料にしたりと、ある意味、夢の植物なのであります。ところがこの作物に大変な危機が迫っていたことがある。そんなこと日本では全く報道されなかったけど。

1983年、西アフリカ・ガーナ共和国でのこと。キャッサバ唯一の害虫と言えるコナカイガラムシによって収穫量が65パーセントに。5800万から1億8000万ドルの被害が出たそうです。価格は9倍に跳ね上がり、次の年、苗の値段は5・4倍になってしまった。

その経緯はアイルランドのジャガイモ飢饉にそっくりだったから、アフリカの農業関係者の方々は真っ青になったんだって。アフリカはただでさえ天候が不順で、キャッサバの不作なんかが続くと本当に殺し合いになりかねないんだ。

こんなとき、偉い人が現れるんだなぁ。ハンス・ヘレンさんという学者さんが毛沢東と全く逆のやり方でガーナを救ったんです。

スイスの農学者であり昆虫学者でもあるハンス・ヘレンさんは、コナカイガラムシを殺虫剤で根絶しようとしてもアフリカの現実に合わないと考えた。だいたいまず殺虫剤を買うお金がないんですから。そんな場所で農薬をかければいいなんていう考え方では太刀打ちできません。

ハンス・ヘレンさんはね、栄養カスケード、食物連鎖を絶対的に信じている学者さんでね。自然のルールに従わなければカスケードは守れない、と知恵を絞った。

そこで世界中の森からコナカイガラムシの天敵を探し出したんです。偉いよねえ。ついに天敵のハチをパラグアイまで行って見つけてきた。このハチはコナカイガラムシの体内に卵を産んで、幼虫のうちは活動させながら内臓をゆっくり食べて成虫になる。で、脱皮するときにコナカイガラムシの腹を割って飛び出して、ハチの成虫となって飛び去るというんですから、まさにエイリアンタイプです。

このロペスのハチと呼ばれる寄生蜂のエライところは、コナカイガラムシに取り付くんだけども、全部殺さない点なんだよな。なんでかって言うとさ、全部殺しちゃったら次の世代が寄生するコナカイガラムシがいなくなっちゃうからだよ。全滅させないってことがいかに大事かっていうのを自然界は知ってるんだなぁ。で、ハンス・ヘレンさんはパラグアイからこのハチを取ってきてアフリカの大地にばらまいた。約2年で散布地点を中心とした100キロ圏をカバーして、キャッサバ被害が止まったそうです。生産高は以前の1500トンから4500トンに増大したんだよ。このハチは1987年には西アフリカ全域に達して農家を守っているんだ。最近ではタイ、ベトナム、マレーシア、インド、ラオスでもキャッサバの被害が出てるので、このハチを散布中なんだって。害を及ぼすなら殲滅しちゃえばいいって考えないことって、大事な発想だよな。

この前の本（『人間力を高める読書法』）でも紹介した『奇跡のリンゴ』の木村秋則さんも似たような発想の人だったね。あの人、周りのリンゴ園が殺虫剤をバーッと撒いているときも彼の農園だけは殺虫剤を撒かない。せいぜい酢とか醤油とか危険じゃないものをとりあえず1回試しにかけてみるくらいで。だから周りの害虫が全部彼の農園にやってくるんだってな。その害虫に向かって、「オレんとこはお前らにとってノアの方舟だ」って言い続けたというんだ。
で、エリア全域の害虫が自分の農園に集まるんだけど、その瞬間、必ずそれを食う虫もやってくるんだって。だから、リンゴの何パーセントかは犠牲になるけれど、リンゴの何十パーセントかは必ず生き残るシステムが畑を支配する。ちゃ～んと栄養カスケードの支配が及ぶんだってさ。

人の手で植物に壊滅的な被害を与えることもできれば、人の手で植物を全滅から救うこともできる。でも、これも怖いことでもあるんだな。場合によっては戦争並みの被害を人々に与えることができるわけだから、テロに利用されかねない。
実際にこんな事件があったんだ。

1985年の5月、ブラジル・バイーア州にあるチコ・リマという方が所有している大規模なカカオプランテーションでのこと。リマ氏はカカオの実から種を取ってそれを発酵させチョコレートへと加工するために、多くの労働者を雇用していました。地方行政をも動かす地方の大ボスだったんだってね、リマ氏は。彼が経営するカカオ農園、カカオプランテーションはそれほど規模が大きかった。実はカカオってコーヒーの次にブラジルの重要な輸出品だったんだってな。当時は世界第2位のチョコレート輸出国だったらしいよ。

しかし、彼の農園のカカオの木の1本が甘い匂いを漂わせていたことに農園管理者が朝の巡回で気付いた時から、運命は変わっていった。この甘い香り、てんぐ巣病の兆候なんだ。漢字で書けば「天狗の巣の病」。木の高い所に巣のような形のものができることから名付けられているみたいだね。

傷、そして葉っぱの気孔などから菌が侵入し、組織を喰っていく。すると木全体が黒っぽくなり葉っぱは落ちてささくれ、枝が裂けていく。この病にかかると、カカオの木がバランバランの箒みたいになっちゃうんです。だから英語ではこの病気のことをwitch's broomって言うんですって、天狗じゃなくて魔女の箒って。で、最後には木が割れて死んでしまう。

それだけならいいんだけど、気味が悪いことに木が死ぬ直前にピンクのキノコに全身を覆われながら死んでいくんだって。で、倒れる直前にそのキノコから胞子がブワ〜ッと出てね。それが病原菌となって横の木を、さらにてんぐ巣病にしていく。だから他の木に感染させまいとリマさんはすぐに動いた。スタッフ30名が10万本近く植えられたカカオの木をチェックして、病気になった木だけでなくその周辺の木を切り倒していった。そしてその後も週に一度、徹底して検査することを怠りませんでした。

ところがであります！　リマさんの農園の外に21本の木が感染していることが発見されて、自体はより悲惨な道を辿っていくのです。どういうことかと言うと、てんぐ巣病というカカオの木の病気がプランテーションの中から発生したのではなくて、外から感染させられたんじゃないかという可能性が出てきたんです。病気が外から内のカカオの木に伝染したとなれば、他のプランテーションへの伝染も心配されるわけです。

俺ね、地方の小さな町を歌いながら回ってるでしょ。だからわかるのよ、こういうときの雰囲気。ニワトリとか牛の病気なんかが流行ると、どうしても人間が人間を疑うようになっちゃうんだ。宮崎なんかでも目撃したねえ。県境に農業関係者の人が立っててね。入ってくるトラックのタイヤをいちいち洗うんだけど、そのときの目付きが疑う目付きなんだよ。あれは良くないね。でもどうしてもそうなってしまうのはわかる。今度の新型コロナウイルスも、変わらないよね。誰かを悪者にしたいという気持ちが、人々の胸の中に生まれてしまうんだ。これが伝染病の怖さですな。

このときのリマさんもそんな苦境に陥りました。この地方のカカオ王であったにもかかわらず他の農園から「こっちまでうつったら迷惑だ。10万本全部切れ」ってねじ込まれてくる。リマさんが「それは勘弁してくれ！」と泣き叫んでもダメ。それどころか大きな農協を仕切る団体から「10万本切らなければ監獄へいけ」と言われる始末。リマさんは泣く泣くカカオの木９万８０００本と周辺の熱帯雨林の木１万本を切り倒した。

ところが悲劇は終わりません。その年の10月26日、リマさんのプランテーションから１００キロも離れたカカオ農園でてんぐ巣病が発生した。関係者は仰天したんだ。なぜなら、てんぐ巣病にかかった木の枝が周囲の木の枝にロープで結びつけられていたから。つまり人間の手で１００キロも離れたカカオのプランテーションに病気の枝をくくりつけてたんだ。

悲しいことにそれからわずか2年後の１９９１年、この地域のカカオ園の75パーセントの木が切り倒されるか、てんぐ巣病で倒れて枯れてしまった。悲劇であり、大事件です。そして人々はこれをテロと考えました。名付けてチョコレートテロ。テロってね、爆弾だけじゃないんだよな。むしろ今、世界が一番恐れるべきは「農業テロ」なのかもしれない。

でもね、事実として第二次世界大戦の参戦国、実はほとんどが農業テロの病原体の研究をしとるんです。ナチス、アメリカ、ソ連、日本……、これらの国の軍部は農業テロの研究をしてた。毒ガスや原爆の研究をしていたことは知られていても、農業テロの研究をしていたことはあまり知られてないんじゃないかな。だけど実は、ガスなんかより農業テロのほうが被害はデカイんだよね。アイルランドから100万人以上の餓死者を、たった2年で作り出したようなことができるんだから。この本を読んでそんなことを企む人がいないことを祈るばかりだよ。

農業テロって言っても農作物が枯れるだけじゃん、と思っている読者の方も多いかもしれないけど、実はそんな単純な話じゃないんだ。そのことについて、このブラジルのチョコレートテロを例にとってゆっくり説明していこうね。

ブラジルの熱帯雨林に広がっていたカカオのプランテーションが木を切り倒されたおかげで、あたかも砲撃を受けたように穴だらけの部分ができた。ブラジル農協の方々はこれをテロと考えた。だって病気の枝がロープで結びつけられてるんだよ。人間がやったに違いないじゃない。だから「テロに違いない!」「犯人は誰だ!」って考えて当然だよね。

まず疑ったのは、コートジボワール、ガーナ、マレーシア。この国々、当時のカカオ輸出国の3位、4位、5位。ブラジルの座を奪うためにそういう病原菌を持ち込んだに違いない、と疑った。ところがね、農民の中には農協を疑う声も上がったんだな。この事件でカカオの苗の価格が高騰したからなんだ。カカオの病気を始末した後、新しいカカオを植えてなんとかもう1回頑張ろうと思う人がいるとするでしょ。で、農協にカカオの苗を売ってくれと頼むと、事件の前の5倍の値段なんだよ。アイルランドのジャガイモ飢饉のときの種芋と同じだよね。ジャガイモがないから種芋もなくなって値段が高騰したのと同じ状況だよ。だから一方で、「農協が農民にカカオの苗を高く売るために病気を広めたんじゃないか」と考える人もいたんだ。この手のことって内部で疑心暗鬼になっちゃうんだよな。著者のロブ・ダンはいいことを書いております。「農作物をダメにするってことは人間の性根まで腐らせる」と。

世界2位の生産量だったのにたった数年でブラジルのカカオ生産量はどんどん減って75パーセント減になるんだ。今ではカカオ生産国からカカオ輸入国に転落してしまった。ジャングルのどこにてんぐ巣病が息をしているかわからない状況で、この先カカオを生産するのはリスクが大きすぎる。割に合わないんだ。

なにせ犯人の足取りも証拠も掴めない。犯人探しはほぼ絶望的。現代の都市では防犯カメラなんかで撮ってるから犯人なんかすぐわかると思うかもしれないけどさ、何十万ヘクタールもの広さのエリアでカメラなんか置くの無理だもんな。……ところが！
なんと犯人がわかるんです、読者の皆さん!!

事件の11年後の2006年、ある男の告白記事が雑誌に発表され、農業テロの主犯だった人物がわかったんです。

名前はルイス・エンリケ・フランコ・ティモテオ。カカオ産業の金持ちのボスたちが国政や州の政治を牛耳る傾向が気に入らなくて、彼は仲間5人と「やつらをへこませようぜ」とてんぐ巣病をばらまいたんです。どうも左派活動家だったみたいだね。「地方ボスの農園主を攻撃すれば俺たちは勝てるんだ」ってんで、このてんぐ巣病を広める作戦を南十字作戦と名付けて実行に移した。なんと情けないことに全員ブラジル人なんだよ。

主犯格のティモテオの自白によれば、彼らはアマゾンを歩き50時間でてんぐ巣病の枝を300ばかり集めて健康なカカオの枝にくくりつけて病を広めたんだ。彼らの目的は右派のカカオ農園主が支配するブラジル農協や政治を自分たちの手で握ること。実際に彼らのテロは大成功でした。なぜなら現実に犯人の仲間たちは、その後、市長や農協関係者になっているんだから。

ブラジル農協から憎い奴らを全部叩き出して、自分たちが農協の要職に収まったんだから、大成功。なのになぜ自白したのか？　なんで今さら告白しちゃうのか？

肝心のブラジル農協が潰れちゃったからなんです。農協組織のお偉いさんになりたかったのに、その組織そのものがカカオの不作で潰れちゃった。それでちっとも美味しい思いができなくて、ヤケになって喋っちゃったんです。

「それくらいで自暴自棄になるなんて」と思うかもしれませんが、彼らのテロで職を失った者がブラジル国内で25万人。バイーア州に住んでいる100万人の人は他の仕事に流れて、サンパウロ等々に流失していったんです。残った事実は何か？　世界2位になるくらい稼いでいた商品をブラジルは失った上に、苦しい貧困に陥ったという事実です。

農業テロって、実際の被害もさることながら、人間同士に疑心暗鬼の心を生み出すことが怖いんだ。さっきチラッと書いたけど、鳥インフルエンザとか狂牛病なんかに襲われた町や村にコンサートで行くでしょ。関係者の方たちの目つきって険しいよ。「そういや、何ヶ月前からどこそこの国からの観光客が妙に増えたんだよなぁ」とか言ったり。どうしても疑っちゃうんだよね。

『イムジン河』の歌詞じゃないけどさ「水鳥自由に群がり飛び交うよ」なんて言ってる場

合じゃないよ。その水鳥が……、なんて可能性、否定できないもん。決してその国の方を疑っているわけじゃないけど、鳥インフルエンザなんかが流行るとどうしてもそういう「目」になってしまうんだ、人というのは。ブラジルだって最初は他のカカオ生産国を疑ってたわけでしょ。人が人を、国が国を疑いの目で見てしまうようになる――そういうところが農業テロの恐ろしさの1つでもあるんだ。

さあ、これでブラジルのカカオがすっかりダメになってしまった。そこで急激にカカオ生産で名前を挙げたのはどこ？　ロッテの真っ赤なパッケージでお馴染みのガーナだよね。ブラジルから西アフリカにカカオ生産の主力基地は移ったんでございます。ガーナの強みは2つあってね。1つはてんぐ巣病がまだ侵入していない点。そしてもう1つは？　なんだと思う皆さん？　それはね、耕作面積が小ちゃいところなんだよ。小規模栽培だからたとえてんぐ巣病が発生しても何坪か抑えるだけで済む。零細であるがゆえにカカオの病が出れば、その飛散は小さい規模で食い止めることができるんだ。

ところが広大なプランテーション農園だと発見までに2日も3日もかかってしまう。だからでかい農業生産をやっているところは、みんな農業テロで大打撃を受ける可能性があるんだよ。そうやって考えるとロシア、アメリカ、中国なんて国は危ないよ。軍事費なんかにお金使ってる場合じゃないかもよ。特に中国は心配だよ。なんせ農地面積世界一の国なんだから、作物の病気が流行したら世界中に影響が出かねない。

話をガーナに戻しましょう。てんぐ巣病にまだ冒されてないガーナですが、ここでもやっぱり怖い病気はあるんです。枝腫病と言ってね、葉っぱが赤くなり若芽が次々と腫れ上がって木全体が死んでいくという病気らしいんだ。要するに枝腐れ病だね。この病気の怖さはアリによって拡大するところでさ、木の葉を食い荒らすコナカイガラムシを飼いならしてるんだって。

人間がウシやヒツジを牧場で飼うように、このアフリカのアリはコナカイガラムシの面倒を見るそうです。なぜそんなことをするかというと、コナカイガラムシがカカオの葉っぱを食うと尿を出す。その尿は甘い糖分に換えられてアリの栄養になるんだって。だからこのアリさん、カカオの葉っぱを虫にあげて、カカオの実を砕いて虫が住むためのお家を作ってあげるんだって。すごい光景だよね。そんなふうにして虫を飼うアリっていうのが西アフリカの熱帯雨林には20種類以上もいるんだってな。で、カカオの実を砕くときのアリのツバに枝腫病の菌が住んでるんだ。で、このアリが住んでいるところ、というかこのアリが虫を飼っている場所が木のてっぺんなんだって。だから農薬が届かないんだよ。ヘリコプターを雇ったら経費がかかりすぎる。もうどうしようもないんだ。いったん広まったら木を切り倒すしかない。

ところが世の中には『奇跡のリンゴ』の木村さんみたいな人がいるんだなぁ。生物学者のハリー・エバンスさんは「これはなんとかならないか？」と世界中の自然界から解決策を探したんだ。そして自然という巨大な本の中からたった1行の解決策が書かれていたのを見つけた。

東南アジアに棲息するツムギアリというアフリカのものとは別の種類のアリがいて、これがコナカイガラムシを飼う種類のアリとものすごく仲が悪いんだそうです。ハッキリしてるんだ。目と目が合っただけで攻撃して行くんだってよ、ツムギアリが。よく見つけたねぇ、そんなアリを。このハリー・エバンスさんは、なんとこのツムギアリをアフリカのジャングルに放ったそうであります。作物を守る方法は絶対に自然に従うべきだとハリー・エバンスさんは考えているんだって。農薬を使うべきではないし、零細農業だから高い農薬を使うと農業が成立しない。今のところまだ結果は出ていないようですが、うまくいきそうな手応えはあるみたいだよ。

ツムギアリだけでなく、コナカイガラムシを養うアリに寄生して身体と免疫系を乗っ取るゾンビ菌類の研究も始まっているそうですな。その菌類に寄生されたアリは何かに取りつかれたような行動をとり、仲間のアリに取りつきやすいところで寄生主のアリを死なせて胞子をばらまくんだって。そういうコナカイガラムシを飼育するアリに寄生する菌類を見つければ、自然界に沿って退治できるんじゃないかと考えてる研究者もいるみたいだよ。

ミーガン・ウィルカーソンという女性もすごいことを発見した。ツムギアリが作ったシェルターって壊れないんだって。だからいろんなものをかけてみた。すると石鹸水をかけると簡単にこのシェルターがツルンと壊れることを見つけ出したんだ。「西アフリカの農業にもこれは使える」ということで、ツムギアリとともにカカオを守るもう1つの可能性として期待されているんだ。

植物に害をなす虫をどうやって駆除していくかについて語ってきたけど、それを一概に「害虫」って呼んでいいのかって考えさせられもするんだ。以前、『奇跡のリンゴ』の木村さんとお話ししたときに聞いたんだけど、リンゴの葉っぱを食う虫は害虫ではあるけれど、顔つきは優しい顔をしてるんだって。なんといっても草食系だから。ところがその葉っぱを食う虫を捕食する天敵、つまり人間にとっての益虫はガラの悪い顔してるんだって。虫と虫との関係も複雑なんだよ。

　見方を変えれば、何が益で何が害だか変わってくるんだよね。


　コナカイガラムシを飼うアリがいて、そのアリをやっつけるアリを探し出すというのはカカオの話。ところがコーヒーになると一転するんだ。

　コーヒー豆にもいろんな脅威があるそうで。コーヒー豆に穴を開けて食い尽くすコーヒーノミキクイムシというのがいる。さび病菌というコーヒーをダメにする菌もいる。この菌が原因でコーヒーの葉にオレンジ色の胞子が繁殖して光合成をすることができなくなって木を枯らすのがコーヒーさび病。面白いことにね、コーヒーにもコナカイガラムシを飼っているアリがつくんだって。ところがこのコナカイガラムシがいる限り、コーヒーさび病にならないんだって。コナカイガラムシがいることによって多少の被害は出るんだけれど、コナカイガラムシを全滅させるともっと恐ろしいコーヒーさび病が発生してしまう。だからコーヒーの場合は一定の被害が出ることも勘定に入れて全滅させずに飼い続けるんだ。まるでワクチンだよな。このような相互作用をも考えていくのがアグロエコロジーという学問。今ものすごい重大な学問として世界中の注目を浴びてるらしいね。

ちょっとの犠牲は払ってもいい。問題はバランスだっていう考え方。全部正義の主張をしない。ちょいと悪いところを含む。そのことによって社会全体がしなやかさを持つ。タフさを持つ。――何でもかんでも排除しちゃわないことは大事なんだよ。

自然界のバランス、そして零細であることが農業を守るヒントになるんだっていうことは、我ら小さく弱い者を励ましてくれるよね。人間は自然を従えていると思い込んでるけど、そういう者には自然界は容赦なく、実に自然に復讐をする。そんな例をもう1つ挙げましょう。

アメリカの自動車王ヘンリー・フォードさん。同じものをいっぱい作るというシステムづくりで大成功した人です。車の大量生産で革命を起こした人なんですが、実は農業にも手を出していたんです。皆さん、何かおわかりですか?

車って工業製品でしょ。でもね一箇所だけ農業がうまくできないと作れない部品があるんだ。それはタイヤ。ゴム。このゴムをフォードさんは管理された農業生産で作ってみたかった。

ゴムの起源をちょっと説明しておきましょう。元々はアマゾンで育つパラゴムの木、これは最初は食物だったんです。タネが美味いんです。ところが1770年、イギリスのジョセフ・プリーストリーさんという人がゴムの木に傷をつけたところ汁が出てきて固まる。その凝固した不思議な手触りの液体で、鉛筆で書いた文字をこすってみたら字が消えた。「これはパンよりいい！」とパラゴムの木は消しゴムに使われるようになった。

その消しゴムを手にとって、別の用途を思いついたのがこれまたイギリス人のチャールズ・マッキントッシュさんというお方。この人「あ、これ水を弾くじゃん」ということに気づいてゴムガッパを思いついた。レインコートはイギリス生まれなんですな。

さらに1839年のことであります。アメリカのチャールズ・グッドイヤーさんという人が、ゴムに硫黄を混ぜると硬めの弾力がある素材になった。これで生まれたのが車のタイヤ。彼の名前にちなんだグッドイヤータイヤは日本でもお馴染みだよね。

最初は食べ物だったゴムの木。消しゴムになって雨ガッパになって靴底やタイヤになった。こんな便利な植物だけど、西洋の列強国はどの国でも育たない。暖かいとこじゃないとできないんだな。高温多湿なところじゃないと育たないんです、ゴムの木は。で、アジアを支配していた大英帝国がゴムの90パーセントを独占していた。だからイギリス経由で買わないとマレーシアやインドネシアのゴムはほとんど手に入らないんです。

今でいえば戦略物資ですよね、ゴムは。だからイギリスは熱帯のアジアの植民地にゴムのプランテーションを作ってゴムの生産に精を出していたんです。20世紀が始まった頃のゴムの生産高は８５００トンぐらい。ところがわずか10年後には37万トンに増大したっていうからすごいですな。

こういうイギリスのやり口に向かっ腹を立てたのがヘンリー・フォードさんだったんですな。フォードさんが打った手とは、アマゾンの熱帯雨林にゴムの木の生産工場を作って、純益のかさあげをしようとしたんだ。イギリス、フランス、オランダ……、いろんな列国が植民地にしているアジアにはもう隙間がない。だからアマゾンに目をつけた。

そのスケールたるやすごい。１００万ヘクタール！　１００万ヘクタールの土地を手に入れたんです。１ヘクタールは３０２５坪。30億２５００坪。サッカーのグラウンド４００万面分くらいの大きさ。もう想像がつきません。その一辺の距離、だいたい60から70キロ。ちょうど私の家がある東京・世田谷区から空港のある千葉の成田までの距離でございます。車で1時間20分は優にかかるくらい。それくらい広大な土地を手に入れて、20万本分の種子を蒔き、現地の人たちの中から２０００人の労働者を育て、アマゾンの熱帯雨林にゴムの生産ラインをフォードさんは作った。１９２０年代の頃のお話です。

おまけに2000人の労働者の家族まで呼び寄せて、ジャングルの中に1万2000人の街を生み出したんですから、フォードさんの情熱はすごい。このフォードランディアと呼ばれる街、彼の王国では社員には酒とタバコを禁じ、その代わりに図書館と教会とゴルフ場をプレゼントして、三度の食事はアメリカンスタイルというものだったらしいね。

でも、ちょっと皮肉な言い方をすれば、このフォードさん、どこか抜けてるんだ。現地で雇った2000人の従業員のうち、大半が文字を読めなかったというから図書館なんか必要なかったし。

おまけにフォードが派遣したエンジニアとビジネスマン。彼らは植物のことを知るよりも、いかに早くゴムを生産するかということしか頭にない人間たちだったんだ。

一事が万事って言うけど、どこかちぐはぐだったんだね、このフォードランディア。物事が順調にいったときの計算ばかりで、失敗を予想していないんだ。これこそがフォードのゴム工場の最大の欠点。そりゃあゴムの木を世田谷から成田までザーッと並べて、そこからぜ~んぶゴムの原料を取ることができればすごい量のゴム製品を作ることができる。でもさ、ゴムの木ってそういう植え方を一番嫌うんだってね。

それでも、1934年までは全てが順調だったみたいだね。70万本に達したゴムの木は順調に生長した。ところが1935年の収穫直前、一本の木に突然南米葉枯病が出現した。これは緑の葉っぱが黒ずんで木全体が点々とアバタ顔になり、やがて葉が落ちる病気なんだ。フォードランディアの70万本のゴムの木の葉っぱ全てが落ちてしまったんだそうです。そして、新芽が出ることも全くなかった……、全部死んでしまったんですな。

もうラテックスの1滴も取れないという悲惨なことが起こったんです。なんでこんなに病気の広がりが早いかというと、並べて植えすぎたからなんです。牛を飼うにしてもニワトリを飼うにしても、効率ばかり追い求めてぎゅうぎゅう詰めにしてしまうのは問題あるんですね。病気に対してはものすごく脆いんだよ。

ゴムの木も同じでさ。だいたいゴムの木って100メートル以内に同じ木がいることをすごく嫌うんだって。その証拠にゴムの木って100メートル以上も種子を飛ばすんだって。乾燥すると豆の鞘のようにねじくれてきて、それが裂けると風に煽られて種子が遠くに飛んでくんだってな。葉陰になるとたちまち葉枯病になるからなんだそうだよ。

この葉枯病、残忍なんだよ。たくさん葉っぱを食べるためにゴムの木が育ちきってから一斉に病気にしちゃうんだって。アジアにはこの南米葉枯病はなかったから、フォーランディアみたいに悲惨なことにならなかったというのも皮肉な話だね。

でもフォードさんは諦めなかった。１９３６年、さらに広大なアマゾンの土地を買い占めて、開拓し、失敗の経験を踏まえて50万本のゴムの木を植えた。土地改良とアメリカ得意の農薬で育て上げようという作戦です。

１９３６年頃の世界情勢を考えると、フォードさんのお気持ちもわかるよね。ヨーロッパにヒットラーが出現して、欧州は戦場になりつつありました。車の需要が高まるのは目に見えています。ゴムを自らの手で生産してゴムタイヤを輸出したいんですよ、フォードさんは。

そしてゴムの木が育つのを何年か待ち、いよいよ収穫、というときに……、また別の病気に襲われるんです。今度は害虫。グンバイムシ、コナジラミ、ヒメアリ……、アマゾンのジャングルに隠れ住んでいる虫という虫がフォードのゴム園にたかるんです。

農薬や殺虫剤が全く効かないんだってな、アマゾンの害虫には。奴らのほうが強いの。仕方ないから２０００人の従業員とその家族が手で虫を取って、地面に踏みつけるしかなかった。もう気が遠くなるような作業ですね。

でもフォードさんは「それをやれ！」とニューヨークでテーブルを叩いて絶叫するんで

す。「金儲けできる戦争がすぐそこまで来ているんだ。やれ！」と言うんです。

とにかく朝から晩まで効きそうな農薬は撒く。フォードのゴム園はまるで一日中霧がかかったような状態だったっていうんだから。で、やっと虫が落ちて死に始めた。ところが虫が落ちたと思ったと同時に今度はまた葉枯病が勢いを増して襲ってきた。アマゾンのジャングルというのは、虫や病原菌に関しては最高の天国なんですな。

たまらずに人間――従業員のほうが逃げ出し始めた。「ここは呪われている」って噂が広がって。

フォードさんはニューヨークでは万能でも、ジャングルでは実に無力で役に立たない存在だった。諦めたフォードはアマゾンから撤退したんです。

が、しかし！　ヘンリー・フォードのアメリカ魂はゴム作りに挑むことまでは諦めませんでした。今度はね、合成ゴムの研究に乗り出すわけ。

石油からゴムを作ることができれば天然ゴムなんか必要ないってんで、今度は合成ゴムに焦点を合わせたんですな。これが戦争にすごく役に立った。車両だけではないんです、ゴムが役に立つのは。戦闘機だって爆撃機だってタイヤはあるし、雨ガッパみたいな防水性が必要なものなんかにも使えるんだから。事実アメリカ軍は対日戦を合成ゴムで乗り切ったようだよ。戦争って空母とか戦闘機とかの数や質がものを言うように思うけど、その底辺にあるのはネジ1個の質であったり、原材料のゴムの有無だったりするんだよね。

第二次世界大戦でしっかりと実用できることが証明された合成ゴム。これで天然ゴムの需要は減ると思われたんです。しかし合成と天然の、ゴム同士の戦いはまだまだ終わりません。

1960年代から広まり始めたラジアルタイア。これは合成ゴムより天然ゴムのほうが向いてるんだってね。天然ゴムのほうが引っ掛かりがいっぱいあっていいんだって。だから天然ゴムはまだまだ人間の生活には必要なんですな。

それから1973年、覚えてらっしゃいますか？　そうわたくしの『母に捧げるバラード』という歌を出したばかりの頃、オイルショックが起こったんです。アラブの産油国に端を発する石油価格の高騰のことですな。塩化ビニールがなくなるって大騒ぎしたもんな。塩化ビニールって塩6割、石油4割で出来てるっていうから。合成ゴムを使った製品だって同じだよ。原料が上がれば、それに合わせて売値を上げなきゃなんないし。それどころかトイレットペーパーまでなくなるっていうんで買い占め騒動まで起こったんだ、日本では。石油っていうのは昔から戦略物資の代表だからね。ちょっと値段が上がっただけで、産油国ではない国はトイレットペーパーまでなくなっちゃうんだ。実際は全く関係なかったらしいね、石油とトイレットペーパーの値段は。不安な心だと流言飛語に惑わされるんだなあ、人間は。

合成ゴムより天然ゴムが使い勝手が良かったり、値段が安かったりすれば、天然ゴムの需要はまだまだなくならないっていうことだよね。ゴムの戦争はまだまだ続いてるんだよ。

戦争っていうのは兵器とか軍隊とかがやるものだと思ってるかもしれないけど、そんなのなくても相手の国にダメージを与えることはできるということをこの本で知ったんだ。植物テロとか植物由来の戦略物資で相手国を困らせることが簡単にできてしまう。怖いよね。でも、それは核兵器と同じで行なった側にも、いや人類全体にもダメージを与えかねない危険なものでもあるんだ。あなたも、私も、もっと自然から、植物から学んでおかなければいけないことがあるんじゃないかな。

植物は〈未来〉を知っている
――9つの能力から芽生えるテクノロジー革命

ステファノ・マンクーゾ（著）、久保耕司（訳）／
NHK出版／2018.3.25

昔々、読んだ漫画でいまだに忘れられないのがあるんだ。『ドラえもん』でおなじみの藤子不二雄先生の作品で、『みどりの守り神』とか、そんな感じのタイトルだったと思う。

研究所から持ち出されてバラまかれた殺人細菌で世界が消えたあとの街の話なんだ。人間が消えた街に一番最初に戻ってきたのが緑なのよ。緑の木々とかツル草、花なんかの植物が、人間のいない街にバーッと生えてて。で、生き延びた人間がそれらの植物の下で寝たりなんかして、お腹が空くと、目の前で実が生えていてそれを食べるとすごく美味しい。どこへ行ってもそんな調子で木や花が人間を助けてくれるんだ。

そんなとき、主人公が、

「植物が意識を持っている！」

って気が付くんだ。植物のほうは人間が吐きだす二酸化炭素がないと生きていけない。だから、

「人間を増やすつもりなんだ！」

ということに主人公は目覚めて「もう一度初めから植物たちと新世界を作ろう」って……。確かそんな感じでエンドマーク。

これって植物が意識を持って、人間が農業を育てたように植物のほうが人間を育てて吐

く息を待ちかねるっていうところが鮮烈で、いまだに記憶に残っていた。そんなことを思い出させてくれたのが実はこの『植物は〈未来〉を知っている』という本でございます。案外、植物という生き物は人間の未来をコントロールする力を持っているのではないか――、そう思わせる本なんですな。

なぜこの『植物は〈未来〉を知っている』を紹介しようかと思ったか。その動機からまず語らせていただこうかな。

ご存知のように私は芸能でお足をいただいております。ちょっと言い方が古いかな。きれいに言えば生計を立てております。ドラマではいろんな場所に引っ張り回されるんですな。まあ、お足をいただけるのでありがたい話であるんですが、しんどさはあるんです。

あるドラマでの話です。海沿いの山道を登り、丘の上に上がって行きました。あれは伊豆半島だったかな。いきなり山が高くなって、みかんの丘が急斜面に広がっておりました。どれくらい急傾斜かというと、みかんの実がポトンと落ちると200メートルぐらい下にある県道まで転がり続けるくらいの急斜面のみかん段々畑でね。共演は片平なぎささん。私との掛け合いのシーンを撮るためにカメラを構えたキャメラマンが、ブスーっとふてくされて「撮れるわけないじゃん」と嘆いてる。

キャメラマンなどのスタッフたちだって予めロケハンしたり、よく使っている場所で土地勘があったりするものなんです。だから「撮れるわけない」なんて言葉が出ることはまずありません。最低でも2パターンは撮れる場所を選んでるはずなんだよ。しかし、そのドラマに関しては海を見下ろす角度しか撮れなかった。なぜかというと、カメラマンが指差した方角にはズラーッと金属のような反射光を発する板がズラーッと並べられていたから。そう！　太陽光発電パネルが。

情感が出てこない光り方だよね、太陽光パネルって。ドラマでは殺された息子の思い出を語るカットで後ろでこの太陽光パネルが光ってると、あまりにもそのシーンにふさわしくなくてね。キャメラマンが「撮れない」というのも無理がないんです。

聞けば1年前の同じ季節にちゃ〜んとロケハンしていたんだって。そのときは果樹園が、みかん園がそのあたりに並んでいたのでディレクターが気に入ったんだそうだよ。ところが1年経つか経たないかのうちにそこに来てみると、ほとんどソーラーパネルの山と化していたんだ。まさに緑を剥がされたようになってしまっていたんだな。それで一方向からだけのキャメラワークになってしまった。通りがかりのみかん農家の方に聞いてみると、「あれ、外資と結んでいる太陽光発電会社なんですよ。私どもも反対しているんですが、言うことを聞いてくれないんです」と困っている様子。外国資本が一枚噛んでいて、権利関係が出来上がってるので「景観なんか関係ない」と開発は進む一方なんですな。「ただね、あんなふうに全部木を切ってしまうと、山崩れってこともあるんでねぇ……」と不安な表情をみかん農園の方が見せたのが切なくてねぇ。改めて呆然とその太陽光発電のパネルが並んでいる風景を眺め直しました。

確かに仕方ない部分はあるんです。例の福島の原発事故があってから、水力、火力、太陽光、それからタービンなんかで電気を作る風力発電などに急速に興味を持ったんだな、日本人は。で、そこに目をつけたのが外資。この伊豆半島の場合はどうも中国系の資本みたいなんですけど、とにかく強気に太陽光パネルを並べたがる。そうでないと採算が取れないんですな、日本では。角度の決まった丘だと、ほんの一時期しか日光は当たらない。おまけに地形の関係で日の出の時刻を過ぎても、なかなかお日様の顔が見えないなんていう場所もいっぱいある。だからひと山全て買ってパネル並べないと黒字にならないんだって。でもねぇ……、やっぱり馴染まないねぇ、日本の景色にソーラーパネルは。もうちょっとデザイン、なんとかならないかねぇ。

並べて美しくなるようなパネルなら、キャメラマンもふくれっ面にはならなかったんじゃないかな。だって日本には太陽光パネルを愛でる文化だってあるんだから。読者の皆さんは変な顔をしてるかもしれませんが、確かにあるんですよ、そういう文化が日本には。だって、植物の葉っぱって一種の太陽光パネルだもん。紅葉狩りって昔からあるじゃない。現代なんかもっと身近かもしれないな。〝観葉〟植物って至る所に置いてあるよ。ちゃ～んと葉っぱを観賞している証拠だよ。

そう考えると植物って未来を先取りしてると思わない？　人間が20世紀を超えてやっと生み出した技術を、太古の昔から自分の生活に取り入れているんだから。

そんなことをつらつら考えているときに出会ったのが、この本。ステファノ・マンクーゾさんが著した『植物は〈未来〉を知っている』なんです。でもさ、脳みそを持ってない植物に、本当に未来を予知する能力なんてあるのかな。そもそも、植物と動物ってあまりに差があると思わない？　植物を見るときに動物の私たちは、自分たちと全く違う生き物として見てるよね。その証拠は言葉の使い方ひとつにも表れてるんだ。植物は動物と同じように環境に適応し、己の姿を変化させていきます。動物だとこれを進化って呼ぶよね。でも植物は違うんだ。進化と呼ばずに「順化」って呼んで、別の扱いをする。これは植物を同列に見ていないからじゃないかな。

生物っていったい何だろう。そう問われたら、「己の姿を変化させることによって生き延びようとするもの」というのが1つの答えになるんじゃないかな。そう考えれば進化も順化も同じではないか。植物だって経験を記憶し、自らの組織構造と代謝を修正して己を変化させているんではないか。そういうことがこの本のテーマになっているんです。

皆さんはフルーツトマト、知ってる？　本当に甘くて美味いよね。俺が好きなのは高知県のやつと、あと熊本の八代産の。特に八代のは好きだなあ。面白いことにこの八代のトマト、元々は塩害で生まれたんです。台風で塩水を浴びた畑から生まれたトマトなんです。土佐の高知産も潮風が入ってきて塩気を浴びたトマト。フルーツトマトって塩害から出てきたトマトなんです。

塩害で塩が畑まで届いて、全部枯れちゃった。トマトどころか植物が全部枯れちゃった。でもその畑の中をよお〜く見てみると身を小さく実らせているトマトがあって。「こんなもの市場には出せねぇ」ってその畑の人が食ってみたら、これが甘いのなんの！　「これはベジタブルじゃない。フルーツだ！」って。それからはわざと地面に塩を撒いて、トマトに猛烈な苦労をさせて、身を小さくして甘みをたくさん出させるようにしたんです。それがフルーツトマト。

なんで甘みがついたかわかる？　植物にとって塩を浴びた土壌って生命の存亡に関わる過酷な環境なんだ。だからトマトの「俺、死ぬんだ。……でも生きたい！」っていう悲痛な思いが、地面から甘みを吸い上げさせるわけ。糖分を持っていればその栄養で生き延びることができるかもしれない。たとえ小さな実しかつけられなくても、とにかく生きると決心した小柄なトマト——それがフルーツトマトなのよ。で、面白いことにこの種からは続々とフルーツトマトが出来てくるんです。「塩で1回辛い目にあった」っていうことをトマトは記憶してるんだね。

著者のマンクーゾさんは「植物は記憶を持っている」って考えてるんだけど、このフルーツトマトってその証明なんじゃないかな。皆さん、発想を変えないとダメなのかもしれませんよ！

読者の方々は子供の頃オジギソウって育てたことあるよね？　黒胡椒みたいな種子を蒔いて、育ったら葉っぱを触る。するとシュルシュルって葉をたたんでしまうでしょ。不思議だよね。

これをやり続けると、どうなるか知ってる？　ずっと、葉を触り続けてるとね、閉じなくなっちゃうんだ。実は俺、やったことがあるんだ。オジギソウが葉をたたむのが楽しくなっちゃってずっと触り続けてたら、あるときから葉をたたむのをやめちゃったんだよ、俺が育ててたオジギソウ。当然と言えば当然だよ。いちいち葉を閉じていたら、風が吹くたびに閉じなきゃいけないもんな。でもさ、これって植物が記憶してたり学習してたりするってことの証しかもしれないよ。

もし、お子さんがオジギソウを育てていらっしゃれば、1回やってみてほしい実験があります。オジギソウの鉢を、10センチくらいの高さで結構です。落としてみてください。そしたら葉は当然、閉じます。これを数回繰り返す。すると閉じなくなるんです。俺もそうだったんだけど、オジギソウって機械的に葉を閉じていると思ってたでしょ。でも、どうも違うんだね。安全かどうかをオジギソウ自身が確認してるらしいんだ。だから7～8回繰り返すと「けっ！　からかいやがって」とばかりオジギソウは葉を閉じなくなる。これ、ものすごく短い言葉で言えば「オジギソウは記憶力を持つ」っていうことです。私たちの記憶力と違う種類かもしれないけど、確かに記憶する力を持っているようなんだよ。

この鉢を落とす実験をマンクーゾさんはなさったみたいだよ。１００鉢ほど確認すると、葉を閉じなくなってから最長40回以上落とされても、葉を閉じなかったオジギソウもあったんだそうだ。時間からすれば猿に匹敵する長期記憶があるんだって。

気象予報士の森田正光さんがテレビで言ってたんだけど、桜って太陽光を足し合わせたのと、ぶり返す寒さの回数をカウントしてるらしいんだ。それで合計の温度が何度に達するとか条件が合致すると開花するんだってね。人間が持っている記憶力と違うけど、植物はどうも記憶力を持っている。

もっとゾクゾクしてくる話もある。アミノ酸の配列が狂ってドミノ式に増殖されるプリオン化という現象。これが植物の記憶力ではないかっていう研究が進んでいるそうです。プリオン化っていうのは皆さんもどっかで聞いたことがあるでしょ？　そう動物にとっては狂牛病をはじめとするＢＳＥの原因といわれている異常タンパク質のことだよ。これが植物にとっては花をある季節に咲かせるタンパク質のシステムかもしれないんだって。こんなことが書いてあると、なんか訳がわからなくてもやたら面白くなってくるんだな、俺は。訳もわからずどんどん植物の話を進めていくけど、よろしくお願いしますね。

何十年も前のお話です。わたくし、アメリカ大統領をなさっていたジミー・カーターさんとお会いして話をする機会があったんです。世界平和について、私が取材するっていう企画でね。まあ、わたくし、カーターさんのお話をただ聞いているだけだったんですけど。だって、ガードマンの人たちがマシンガンを持って横に立ってるので怖かったんですもん。

冗談はさておき、カーターさんがアトランタでわたくしと会ってくれたのは、ファスナーで世界一のシェアを誇る日本企業のＹＫＫの協力があったからです。ＹＫＫさんはアトランタの州議員時代からカーターさんを応援し続けてたんだって。で、取材がうまくいった御礼もあってアトランタのＹＫＫの工場に伺ったんです。そうしたら工場の方々がやたらと松の木と桜の木を見せたがるんですね。日本の富山から届いて植えたんですね。ところが日本人の工場長が笑ってこう言うんです。「アトランタで松を育てるとまっすぐに伸びやがって」って。で見てみると松はあっちこっちから針金で引っ張ってあるんです。アトランタは風があまりなくて気候がいいもんだから、「パインツリー」って感じでまっすぐ伸びる。日本の「松」は風雪に耐え、枝をクウッと曲げながら、「わたくしは、生きております、常緑樹」みたいな風情でしょ。そういう日本ならではの松の姿を美しいと思っているから、まっすぐな松なんて、つまんねぇやな。「オメエ、ボーッと立ってるだけで、本当に芸がねーな！」みたいな感じで。

それから桜のほうはといえば、こっちもボーッとしておりまして。あくまでそのときに聞いた話で、自分で見た訳じゃないんだけど、全く計算ができないみたいなんだ。2月に咲いたかと思ったら9月にまた咲いたりと、季節を全然守らない。なんとかしなきゃと思って日本の庭師さんに「4月くらいに咲くようにならんですか？」って相談したんだって。そしたら庭師さんがすごく興味深いことを言ったんだ。

「4月くらいにここで咲く花はなんですか？」

「スミレソウです」

「じゃ、この桜の木の周りに4月に咲くスミレソウをいっぱい植えてください。そしたらだいたい桜も4月に咲きますから」って。

工場の人が「そんなことあるんですか？」って聞くと、「ええ。桜は同じ桜の仲間がいたり、同じ時期に咲く花がいないとカウントを間違えちゃうんですよ」って庭師さんは答えたんだって。

で、やってみたらそれ以来きちんと4月に咲くようになったんだって。

「見てるかさくら、おまえが立派に咲いてくれれば兄ちゃんも花を咲かしてやろうじゃないか」なんて、まるでフーテンの寅さんみたいだけど。だから日本の桜並木は美しいんだ。みんなで一斉に咲いて、みんなで一斉に散る。見てるんだよね、仲間や周りを。もちろん植物は目を持っていません。でも見ている。何かで判断をしてるとしか思えないんです。著者によれば「植物はやっぱり動物と、人間と全く違うシステムの目を持っている」って言うけど、アトランタの話を思い出すと俺にもそう思えるんだな。

植物が目を持っているとしか考えられないってマンクーゾさんもおっしゃるその理由は、植物にも擬態するものがあるからなんだとか。

昆虫の世界だと結構あるよね。葉っぱみたいな蝶とか蘭の花に化けてるカマキリとか、木の枝のふりをしている尺取り虫とか。植物に化けてる昆虫は多い。でも、植物の中には他の植物の葉の真似をするやつがいるんだってね。

南米チリ。ここにボキラという蔓草が生えててね。これがなんと10種類以上の植物の葉を真似するんだって。なぜ擬態するかというと、動物に食われるのを避けるためなんだ。モノマネという芸が完結するためには、まずモデルがいて、そのモデルを演じる役者がいて、役者に拍手を送るものがいることが必要です。擬態も同じだよな。モデルとなる植物がいて、その植物の真似をする植物——この場合はボキラだね——がいて、そっくりな葉っぱだから食べるのを控える動物がいる。植物だからといって侮れないよな。これは仮説なのですが、ボキラは大気中に放出された揮発性の植物の吐息を感知して、その息の主の真似をしてるんじゃないかと考えられてるんですな。葉が混み合ってる雑草地の環境で、一番近いものを探し当てて色も形も真似をする……あ、色はだいたい緑か。でも自分の周りの環境を目のようなもので感じ取って真似をしているとしか思えないのです。自分が生き延びるために、ちゃんと対策を講じてるんだから。たしかに順化というレベルではありません。これはまぎれもなく進化ですよ。

生存のために工夫を凝らすのはなにもボキラだけではございません。なんだっけ、アフリカのピョンピョン跳ねる鹿みたいな動物。ガゼルだっけ。ほんとは鹿じゃなくてウシの仲間らしいけど、あれが大量に死んだんだって。なぜ死んだかを追及していって出てきた結論が、「植物が殺した」ということだったんだ。
葉っぱを食われてやがて食い尽くされるのではないかと恐怖を感じた植物が、新芽の段階で毒を用意したんだって。その新芽を食べた鹿みたいな動物が3分の2くらい死んだら、その毒が完全に消えたんだって。もうサスペンス劇場ですよ。「完全犯罪！　鹿を殺したのは誰!?　消えた毒の秘密」です。証拠を残さないんだからすごいよね。

でも植物の世界って「一服盛る」ってよくあるよね。身近なお野菜のジャガイモだってそうでしょ？　「芽が出てると毒」っていうよね。でもさ、ジャガイモの毒なんてまだ大人しいよね。あれは全滅させられる恐れがないからなんじゃないかな。本当に全滅させられる恐れを感じたら、アフリカの草みたいに急に毒性が上がる可能性がないとも限らない。
これ、あながち武田鉄矢の大ボラというわけではございません。植物というのは人間が考えているよりはるかにしたたかな生き物なんです。この本にはそう思わせる例がたくさん載ってるんです。

人間に文明が起こったのは、どうもやっぱり中東のほうだったみたいだね。その文明とは？　そう。皆さんもご存知のメソポタミア文明。ここで何が起こったか。チグリス川とユーフラテス川に挟まれた肥沃な三角地帯で農業が起こった。これはものすごく重大なことでここで人間は集団で生きる、農業を基礎にする社会を作ったわけです。この人間を人間らしくまとめたのは植物ですよね。その植物とは？　麦です。麦がなければ農業は始まっていません。それどころか麦がなければ文明なんか起こらなかったかもしれないのです。わずか1万2000年前の出来事です。

文明とは何かと問えば、定住生活なんです。もう移動しないということは文明の第1歩なんであります。それを支えたのは3つの植物。小麦、トウモロコシ、米。この3つだけで現在の人類の摂取カロリーの60パーセントを賄っているんです。

前の章でも言ったけど、農業以前は人びとは数百種類の多様な植物を食べておったそうでありますが、わずか数年でこの3種類にだいたい集約できるようになったんです。そして、人間は飢餓から脱出できた。

でもさ、これがもし不作になったら……。人類は大変なことになります。これからワタクシとんでもないことを申し上げます。どうか驚かずについてきてほしいんです。

小麦、トウモロコシ、米の他にジャガイモとかタロイモ、キャッサバなどが食べられるようになった。これは小麦やトウモロコシ、米の真似をし始めたからなんです。意味、わかりますか？　わかんないよね。でも、小麦や米の立場になって考えてみましょう。小麦さんも米さんも毎年秋になったら刈り取られて食われちゃうんですよ、人間に。ところが春になればちゃ〜んとまた種子を蒔いて育ててくれる。小麦さん一族も米さん一族も滅びるということがなくなったわけですよ。

そうすると他の植物もバカじゃないので、小麦、トウモロコシ、米の戦略を真似するんだ。「あいつらの真似すりゃ、一部食われたにしても俺たちは永遠の命と共に生きることができる」って考えたんだよ。それでジャガイモが真似をした。毒を持ってたら育ててくれないから幾分マイルドにしたかもしんないよ。で、成功した。そしたら「俺もジャガイモの真似をしよう」って言いながら今度はタロイモが真似して。今アフリカあたりではキャッサバが真似をしてるんだ。毒抜きをしないと食べられなかったキャッサバも、何百年後にはそのまま食べられるようになる日が来るかもしれないよ。

小麦なんかすぐ真似されたんだ。小麦畑の中に小麦そっくりなやつが増えて、それがライ麦だったんだって。小麦によく似てたから他の雑草が引っこ抜かれても、生き延びたんだな。そのうち小麦が育ちにくい環境でも育つので、栽培してもらえるようになったんだ。だから人間に食われるっていうことは植物にとって大変なアドバンテージなんですよ。来年の春には必ず育ててもらえるんだもん。
それからもう1つ、植物にとって絶対に不可能な事が可能になった。それは移動できるようになったということ。世界中に広がることができるんです。ジャガイモ、トマト、キャッサバ……、他の大陸に移動してどんどん繁栄してるんだもんな。人間が植物を活用しているって我々は思っているかもしれないけど、実は植物のほうから見れば、人間を利用してるのかもしれないよ。

ネソコドン・マウリティアヌス。本の中の写真で見たけど、桔梗の花に似た植物です。この花、花の内側から花びらに向かって蜜を流すんですって。で、『進化論』のダーウィンは「溜めすぎた蜜を外に捨てているんだろう」という仮説をたてた。ところがこの植物の特徴である蜜をこぼす植物の仲間が見つかった。アカシアの一種にいたんですな。なぜその花が蜜をこぼすのか。それは地面に蜜を滴らせてアリをたからせていたんだ。で、大きな動物が来てそのアカシアを食べようとすると、一緒にたかってたアリまで口に入っちゃう。するとアリが口の中を刺すわな。「痛え、痛え！　あの花はヤベェ‼」ってなるわけ。つまり蜜を滴らせてアリを飼うことによって植物がアリを己のガードマンとしているんだよ。しかも、この蜜はやたらに甘い。しかも分析してみると甘いだけじゃないんだ。アルカロイド、タウリン、ベータアラニンなどの神経伝達物質が含まれているんだって。これ、なにがすごいかっていうと、アリの中に取り込まれると一種の麻薬なんだって。アリがやめられなくなっちゃうんだ、その蜜を舐めることが。で舐めてる間はカーッと体力がつくもんだから、この蜜を舐めると攻撃性が高くなるんだって。このアカシアなんかはアリを利用どころか支配してると言っても過言じゃないんじゃやないかな。

中央アメリカの冒険でコロンブスがヨーロッパに持ち込んだ唐辛子。ここから唐辛子の世界制覇は始まった。どういうことかと申しますと、人間はひたすら辛いトンガラシを求め続けたんです。今も続いています。求められるのはカプサイシン。このカプサイシンはカフェイン、ニコチン、モルヒネとは違う形で脳に影響を与えるんだって。だからやっぱり中毒性を持ってるんだ。

辛さって脳に痛みを伝えるだろ。するとその痛みを緩和するために、脳内にはエンドルフィンという脳内麻薬が出る。脳が痛いと感じると、その痛みを和らげるためにエンドルフィンが出た。それが快感なんだ。だから1回辛さに耐えると、もっと辛いものが欲しくなる。ヒーヒーとすごくツライ目にあっても、またかけたくなっちゃうんだよ、トンガラシを。

モルヒネ、キニーネ、アヘン、覚醒剤、マリファナ……、こういうものが全部植物由来であるのと同じように、トンガラシも滅びたくないために人間を支配しているんです。アリンコのことを人間が馬鹿にすることはできませんな。

著者の面白い視点でありますが、マンクーゾさんは「動物と植物というものは6億年前まで遡ると同じ生き物であった」と考えておるのです。今も地球の全生物の総重量のうち80パーセントは植物です。彼らは動物より先に海から上陸し、この地球に適合した。地面で光合成によって地球上に生きることを始めた。植物がしっかりと地上に世界を作った後、それに招かれるように両生類が陸地に上がり、爬虫類となっていった。そう考えると植物がまず地球を拓いたパイオニアなんですなあ。

動物に対してキツイことを言うと、動物っていうのは生存についての問題が生じると、まず移動するんです。動物の特徴っていうのは困難に出くわすと逃げ出すことである。今も変わりませんな〜、とにかく何か困難に遭遇すると大臣以下みんな逃げます。「やってません。会ってません」とか「知りませんでした」とか。

しかし、植物は逃げません。問題を分析するんです。これは光の問題か重力の問題か、温度湿度の問題か。刺激か捕食者か。共有できるものなのか。……その場を動かず適応する。逃げずに環境に適応することによって生存を可能にしてきた。そういう意味では植物系であるっていうのは大事な才能なんじゃないかな。

人間という生き物はとにかく自然に学んできた。獣を真似たり、鳥を真似たり、魚を真似した。そうして他の動物を出し抜いてさまざまなものを獲得してきた。しかし現代はいよいよ植物から学ぶときが始まった、とこの本の著者は言います。

例えばね、インターネット。あれを図式化すると植物の根と同じなんだってな。「構造としては植物の根と同じであり、植物的発想は未来へのヒントを含んでいる。いよいよ人間は植物のテクノロジーを学ぶ時が来た」と、おっしゃっている。確かに太陽光パネルなんかもその1つだね。

著者はこうも言います、「アンドロイドに対して植物型ロボットというものを人間が考える時が来た」と。欧州宇宙機構では、火星探査に関してアメリカ型の動物型ロボットの研究開発をやめたそうですな。動物型、つまり自走して土壌を掘り起こして砂や石を持って帰る。そんなよく訓練されたワンちゃんみたいなロボットではない、別のタイプのロボットを開発しようとしているんです。それが植物型。これをヨーロッパでは懸命に考えているんです。

火星探査――。空気の薄いところにポンと降ろして箱がカタンと開く。その中からイヌ型のロボットが出てきて、走って、掘り起こして、土を取って帰ってくる。従来の考え方はこんな感じだよね。でも、ヨーロッパは違うんだ。

フワッとロケットから落ちていって、空気の薄い火星上でパーンと弾けるんだって。そうしたらタンポポの綿毛みたいなやつがウワーッと飛び散る。これが火星の地面に落ちると根を伸ばして自らを安定させ、その場の土壌分析を自分でして、本部にデータを送り届け、水の有無や他の生物がいるかどうかを探る。そんな植物型のロボットを研究してるんだよ。

種子の中には下に伸びていって根になる仕掛けと、上に伸びていって葉になる仕掛けを組み込んで太陽の光を受けてエネルギーを貯めるんだ。それともう1つ、集合する能力を与える。すると森を形成することができるんだ。面白い発想だよね。これはもう現実に進行しているらしいね。それだけじゃなくて植物が人間の力を使って宇宙に飛び出す計画も、もしかしたら現実に進行してるのかもしれないよ。

自律神経を整える
人生で一番役に立つ「言い方」

小林弘幸（著）／幻冬舎／2015.4.10

どうしても私はその日、いつものあのバンドエイドが欲しかったんです。あ、バンドエイドって商品名か。ファーストエイド？　キズバン？　すみません、どれも商品名ですな。救急絆創膏と言えばいいのかな。ま、めんどうくさいのでバンドエイドで統一させていただきますが、これには俺、ちょっとこだわりがあってね。気に入ってる種類があるのよ。

テラテラとゴキブリの羽のような光沢があるのは嫌なんです。それと水用ね。くっつきが良すぎて、剥がすたびに傷口が広がるんだもん。そこら辺の皮膚まで取っちゃうんだもんな。

一方、私のお気に入りのバンドエイドは剥がれにくくて私の肌の色に溶け込むので目立たない。おまけに剥がすときはスッと剥がれるので重宝していたんです。でもいつの間にか切らしちゃってて。

確かに頻繁に使ってるんです。水戸黄門の撮影のために4~5日京都に泊まりこんで、東京に戻るたびに合気道の道場に顔を出すという生活をしていたら、道場に行くたびに手首の皮がむけちゃう。合気道ってさ、まず相手の手首を掴まえるところから始まるもんで。

ジジイだから、治りが遅い。傷が治っても紫色の跡が残っちゃってるから、隠すためにも貼ってたんです、お気に入りのバンドエイドを。

時代劇をやってるもんですから、先ほど事情を説明した通り、あんまりテラテラ光るタイプは困るんです。手甲脚絆《てっこうきゃはん》をしているので隠れはするんですが、スタッフに見つかると剥がされる。で、治りかけたところにしっかりドーランを塗られる。これが痛えのなんの……。

だから、バンドエイドがなくなってるのに気づいたとき、まず家の近所に売ってないか探した。……ない。売り切れなんです。だから京都に発つとき、東京駅に早めに行って新幹線の真下の大きな薬局に行った。……ない。「まいったなぁ」と思いつつ、京都に着いてしまった。実はこのあたりで既に年甲斐もなくカリカリ来てるんですよ。家のある世田谷でフラれ、東京駅でフラれてね。心理状態がモテない青年みたいになってしまってたんです。

で、撮影所に入る前に京都洛外に続く丸太通りの脇にある大きなドラッグストアに入ってみた。もうね、何度も大型店舗に裏切られていたもんで、レジの女性にも卑屈な尋ね方になっております。

「○○というバンドエイド、ないよね？」

とまず否定形で尋ねてしまうんですから、レジの女性がイヤミやトゲを私の言葉から感じても仕方がなかったと反省してます。

でもね、そのレジの女性の対応が素晴らしかった。この人はレジを他の店員に任せると、サッと商品棚に走って行った。俺がレジのあたりで待っていたら切なそうな顔をして戻ってきて、「売り切れてました」って。きっと評判がいいんだよな、俺が好きなバンドエイド。だからどこへ行っても売り切れちゃうんだ。「ああ、そう……」って不機嫌にその場を去ろうとした私の背中に、そのドラッグストアの女店員の方がお詫びの言葉を投げかけたんです。

「お役に立てず、申し訳ありません」

って。

これが、本当に申し訳なさそうなんです。「お役に立てなかった」という無念さが伝わってきてね。思わず振り返って「いやいやいや。いいの、いいの。また探すわ」って言いながら遮二無二に笑顔をこさえて会釈して別れたんです。

でも、この方のたった一言でずっとカリカリしていた気分が収まって、その後の水戸黄門の撮影が非常にうまくいきました。

「豆腐も切りようで丸くなる」ってことわざがあるけど、言い方ひとつ、伝え方ひとつで人間の心も丸くなるものですねぇ。京都のドラッグストアの女性店員の方のおかげでそのことを実感していたちょうどそのあとです。本屋で出会ったのが順天堂大学医学部教授の小林弘幸さんが書かれた『「ゆっくり」話すと、空気が変わり、人生が変わる!』(幻冬舎)なんです。

この本に書かれている医大生時代の小林弘幸先生のエピソードを紹介しますね。

順天堂大学の学生時代、小林先生は足の骨を折ってしまったんです。すると担当医から「ええと、一生歩けなくなる可能性もあるから」って言われてしまう。それだけでも若者には大ショックなのに、その先生は追い討ちをかけるように通院のたび、レントゲン写真を見ながら「こりゃダメだ」って目の前で呟くんですって。

「ああ、俺はやっぱりダメなんだ」って悲観的になっていた。

ところがあるとき、担当の先生がお休みで、別の先生が診察してくれたんだそうです。その医者はレントゲン写真をじっと見て、こうおっしゃった。

「折れてるところ、ヒゲみたいなのが伸びてきてるねー」って。そしてこう続けたそうです。

「これさぁ、順調に再生するキッカケなんだよね、こういうのって」

「現段階ではハッキリと断言できないけど、これ、再生するキッカケかもしれないねえ」

と、わずかな変化を大きく伝えてくれたんだって。

するとすると小林青年は「オレ、完治するかもしれない！」ってようやく思うことができた。その途端、不安がスーッと消えていったんだそうです。

それ以来、「よく眠り、よく食べ、しっかり動く」ことだけを毎日心がけて生活した。するとぐんぐん良くなってきたんだって。しまいにはネガティブな言葉ばかり小林青年に浴びせていた本来の担当医までもが、「調子いいじゃん」みたいな言葉を言うようになったんだとか。

不安が薄らいだ瞬間に倍速で身体が再生していくような感覚を実際に体験したんですな、若き日の小林教授は。「ものは言いよう、ものは聞きよう」と言いますが、言葉は心だけでなく、身体にも大きな影響を与えるんです。

この経験から小林先生は人間の自律神経の働きに興味を持たれたんでしょうな。今では自律神経に関する著書をいくつか書かれているほどの「自律神経のプロ」になったんです。

例えば、倍速で折れた骨が再生していくこと。これは小林先生曰く、自分の不安が薄らいだ瞬間に自律神経のオンオフが正しく入れ替わり始め、人体37兆個の細胞が酸素という栄養を受けて血流をコントロールし出したからなんですって。で、そのときに一番大事なのは交感神経と副交感神経のバランスだそうです。9対9とか8対8といった高いバランスで釣り合っていることが大事でね。4対4とかになると、たとえバランスは取れていても良くないいんだって。そして物の言い方、言葉の受け取り方ひとつで自律神経のバランスが左右されてしまうというんです。

私も読者の皆さんも同じだと思うんですが、失敗したときに「クソ！」って呟いたりするでしょ。でもこの一言だけで自分の自律神経のバランスは乱れてしまうんだって。それから相手をののしるとき、たとえ自分ひとりの場でも「バカ！」って言葉を使うべきではない。それだけで自分の自律神経までも乱してしまう。ひいては自分の健康を害する医学要因にさえなりうるんだってさ。怖いねえ。俺なんかいい歳こいて「クソ！」とか「バカ！」とか連発することがありますからねぇ。という訳で私が手に取ったその一冊によって、自分の言葉遣いに関しても考えさせられました。ちょうど2017年の頃であります。

実はね、この年、それこそ「物は言いよう、豆腐は切りよう」といった舌禍事件が連発してましして。思慮の浅い言葉遣いでコケていった人たちをこれから特集してみたいと思います。いや、批判じゃないんです。あたたかい気持ちでご紹介していきますよ、自分の自律神経に影響しないように。

この年、特に印象的なのが「排除いたします」ですな。覚えてますか、皆さん。小池百合子都知事のあの言葉。衆院選の前までは追い風に乗りに乗っていた希望の党が、代表を務める小池さんのたった一言で形勢逆転。結果は反小池派閥の大勝利で終わりました。その原因は、テレビニュースで何回も流された「排除いたします」のシーンです。

同情もします。勝ち馬に乗ろうと寄ってきた民進党の連中を、無条件で受け入れはしないと伝えたかっただけだったろうからね。希望の党として公認できるかどうか精査して、条件を満たさない人は排除せざるを得ないって話だったから。要は「味噌も糞も一緒にするな」っておっしゃりたかっただけなんだろうね。でもそれじゃあ品がないから、品良く「排除いたします」って言っちゃったんじゃないかな。

しかし、この一言で流れが全部変わった。バーッとすごい数の票が離れていったよね。怖いね、言葉って。でも、小池さんって元々アナウンサー。女子アナタレントだったわけです。言ってみれば言葉のプロです。この人、俺だけの感覚かもしれないんだけど、「朗読声」の方なんですな。話すときでも何かを読んで喋ってるような感じがするんだよね。やっぱり若いときからのクセなのかなぁ。それが人の心に訴えかけるようなある種の力を持ってるんです。

小池さんとしゃべり方がよく似てるのが落合恵子さんです。若い方は知らないだろうけど、落合さんは大人気のラジオパーソナリティだったんですよ。「真夜中のレモン」とも呼ばれてた深夜放送のアイドル的存在でした。その落合さんも同じく朗読声。なんというかブレスリズムがそっくりなんですよ、この2人。小池さんも落合さんも。やっぱり若いときからニュース原稿やリスナーからの手紙を読んできたからなのかもしれませんね。

そういう訳で小池さん、ある意味で落合恵子さんと同じくらいの声の質、声の性能を持ってらっしゃる。ある種の魔力的な声の力を持ってらっしゃるんです。だから俺は心の中であだ名をつけてたんです。「落合恵子さんがレモンちゃんなら、小池百合子さんはミカンちゃん。それも葉っぱの付いた『葉付きミカンちゃん』だ」って。その心は！　ミカンってさ、葉っぱが付いていないとただ食われるだけだけど、葉が付いていると鏡餅のテッペンに置いてもらえるじゃない。この人、いろんな政党を渡り歩いてるイメージがあるけどさ、どこの政党に行ってもポンと上のほうに置いてもらえるんだよね。だからお飾り用のミカンちゃん、葉付きミカンちゃんってわけ。

それが「排除いたします」の言葉を発した途端、私にとってありがたくないアダ名が世間に広まりました。「緑のたぬき」って。

「緑のたぬき」と言えば私の大恩人です。一緒に頑張ってきたんです。おかげさまでマンションを買えたんです、本当に。だけど、彼女、政界入りした当初から自分のイメージカラーをグリーンにしていたものだから、そんなアダ名がついてしまったんですな。おかげで小池百合子＝緑のたぬきというイメージのほうに世間様がどんどん乗っかってきて。もう私なんぞは、コンビニで週刊誌の見出しを見るたび俺のことかとギクッとしてましたよ。

このあたりから小池さんの言葉遣いが世間と歯車が合わなくなってきました。今振り返ると、この方、衆院選の名目を「安倍一強批判」に置いて、自分たちが相当良い得票率で中くらいの政党を作ることで、いわば公明党のようなバランスの錘《おもり》となって安倍を変えてみせるという、なんていうか、半端な政治理念だったんです。だから「モリカケ問題」で安倍さんのことを「忖度総理」と突っついても安倍さんは動じません。しまいには相手にしなくなっちゃった。

で、小池さんの対立軸に自民党が持ってきたのが小泉進次郎君。この小泉君が次々と小池さんの揚げ足を取っていった。揚げ足という言葉が悪いなら、タックルを決めていったんです。

例えばね、彼が選挙カーの上に応援演説に立とうとしたら、反対側で敵方の政党が大声を上げている。そうすると彼は注目が全部自分に集まっているにもかかわらず、あえて静かに終わるのを待つんです。で、「終わりましたか？　じゃあ始めさせていただきます」と始めるんですな。マナーがいいんです。相撲で言えば潔い立ち合い勝負。

このあたりから進次郎君がグングンと頭角を現すんです。どんどん小池さんの発言も批判していく。この発言批判はヒネリが効いてた。いやヒネリでは言い足りない。ツイストが効いてるって言いたいくらい、お見事だったんだ。

小池さんは東京都知事という立場でもありますから、「満員電車のない東京を作りましょう」とおっしゃった。そのとき、進次郎君はどう言ったか。

「その通りです！　満員電車のない東京を作りましょう、小池さん！」とまず小池さんの言葉に同意するんです。

「でもね、小池さん。秋田や山形では満員電車に乗ってみたいという県民の熱望もあるんです」と語り出す。地方はそれほどまでに人も仕事も少なくなってることをアピールするんですな。

「あなたの発言はどこまでも東京であって、全国を見てないじゃないですか」って。このタックルは効いたよね。本当に見事だった。


小泉進次郎君のタックルを浴びたせいで調子を狂わせたのか、その後、どんどん小池百合子都知事の発言はトゲトゲしく聞こえてしまう。ありましたねぇ、「三都物語」。大阪と名古屋、東京の三都が連合して安倍一強政治にぶち当たろうといった、いわゆる選挙協力体制を作ろうとしたんだけどさ。それじゃそれ以外の地方はますます置いてけぼりじゃないか、ってなるよな。結局、タックルされて小池百合子さんは求心力を失って三都物語は未完のまま。今となっては名物菓子の名前みたいに聞こえちゃうな。

でもさ、この小池さん、都知事になる前は見事に四角いものを丸く切って敵対陣営を黙らせてるんです。覚えているかな、「厚化粧」って言われたの。石原慎太郎元都知事に「大年増の厚化粧」と揶揄されたんです。そのときの小池さんの対応は見事でした。そういう侮辱にじっと耐えて、「私の顔にはアザがあるので、お見苦しいので厚化粧でカバーしてます」とだけ言った。それでいっぺんに石原さんのほうが悪者になっちゃって。結果的には小池さんの大勝利。相手の失言で勝利した小池さんが、自分の失言で墓穴を掘っちゃうんだから言葉って怖いよね。

身体の調子どころか政治の行方までも変えてしまうのが言葉なんです。だけどさぁ、俺、小池さんのこと批判してる場合じゃないんだよな。

わたくし自身、いわゆる「口舌の徒」です。もう、口と舌で生きているような人間でございまして。蹴つまずきがいつどこで私を待っているかわかりません。と言うか、ネットで割とよく批判されております。意地悪い物の言い方するよな～、ネットって。「御意見番を気取った武田鉄矢は」なんて書かれるんだよ。「水戸黄門をやっているので、御意見番を気取った武田鉄矢は和田アキ子の真似をして」なんてさぁ。やっぱりカチンとくるよ。でも、いいです、いいんです。確かにそういうところあるから。

実はわたくし、これでも昔から結構発言には気をつけているんです。それでもペロッと余計なことをしゃべっちゃって「アイタ！」って後悔する経験はなくなりません。

ホントに何度も痛い目に遭っとるんですよ。天才・松本人志君なんかと付き合って話していると特に危ないいんだよ。松ちゃんがうまいこと言うから、負けじとこっちもヒネリの効いたセリフを言おうとしてしまう。すると自分の首までヒネっちゃうみたいな結果になるんです。難しいね〜。


そこで失言なんかを予防する8つの条件を頭に入れておくといい、ってこの本に書いてあるんだ。

まずは「体調」。体調が悪いとき、発言がゆるむんです。

そしてその出来事や発言は「予期していないことか、予期していたか」。

次に「環境」。

「自信」。その発言に自信があるか否か。

「天気」。

「相手の様子」。

「時間」。

「感情」。自分の感情ですね。

この8つに注意して発言するといいんです。

8つもあるのかと思うかもしれませんが、慣れれば必ずできるようになります。何かを発言する前に、自分の調子はどうか、油断はないか、慌ててないか、自分が言おうとしていることは確かなことか、そして今は朝か夕方か、発言したあとに待っているのは良いことか悪いことか……。そういったことを一度心の中でよくチェックしてから喋るんです。

だいたい政治家の方々の失言って、やっぱり心理状態や体調があんまり良くないときに多いんじゃないかな。私だって体調や心のコンディションが悪いときに、週刊誌の人に囲まれて「ホテルに行きましたよね、あの人と昨日?」っていきなり尋ねられたら、何もなくてもしどろもどろになったり、心にもない失言をしてしまうかもしれません。

それから大事な会議なんかは午前なら朝の8時から10時、午後なら4時から6時にやるといいんだって。なぜかというとこの時間は、人間の自律神経のバランスがちょうど良い時間だからなんですね。だから揚げ足取りや罵倒合戦にならずに、実り多いミーティングをしやすいんです。

それから「いい話し方」っていうのがある。まずは心構え。どんなことでもまずは相手を褒めることを話の切り口にしなさいと小林教授は提案してる。で、話に人とは違う視点を持ってくるといいんだって。姿勢は伸ばして、笑顔で。そしてゆっくりと話す。話すときはなるべく大きく、楽しそうな抑揚をつけて話しなさいって言うんだ。そうするだけで不用意な失言はなくなると。「そんな人に出会ったことないよ」と疑う向きもあるかもしれませんが、やっぱり話し上手って世の中には存在します。――ゆっくり、背筋を伸ばし、笑顔で、褒めるところから、違う視点で、大きく楽しそうな抑揚をつけて……。これができる人を私は知っています。近年、わたくし武田鉄矢が目指そうとしている喋り方のお手本。でもね、ご本人にそう申し上げても信用してくださらないんだよなぁ。謙虚な方なので。

その人の名は大沢悠里さん。数年前まで日本で一番聞かれているラジオ番組をされてらした方です。番組名は『大沢悠里のゆうゆうワイド』。すごい番組でした。

大沢悠里さんてアナウンサー出身だけど、決して立て板に水って人じゃないんです。結構言葉に詰まったりする。批判的なコメントをするときなんか特にそうだよな。「えぇぇ、今の政治家の方にもね、ちょっとこう……」って、言い方に淀みがある。その淀みのせいでかえって悠里さんの人品骨柄《じんぴんこつがら》の良さがひたひたと伝わって来るんです。

それに喋りのスピードが良い。まるで広瀬を流れる水音みたいでね、悠里さんの話し声からマイナスイオンが立ち込めているような感じがします。そして人を批判するときにもこの人らしい礼節が聞いて取れるんです。誰かを批判するときも悠里さんなりの作法がある。決して人を追い詰めることがないんです。

別のタイプが久米宏さん。久米さんはホントに鋭い喋り方をなさる。切り替えの速さで言葉を強く印象付ける術を知ってらっしゃる。一方、悠里さんは……、もしかしたらご本人に怒られてしまうかもしれませんが、一人の聞く側の人間として言わせてもらいましょう。大沢悠里さんが人の批判をするのには「諦め」があるんです。そしてその諦めのおかげで悠里さんの批判はとっても明るく聞こえるんです。「え〜、仕方ないですね。もう、世の中ですからなるようになるのでしょう……」というような言い方をなさるんだけど、それがなんだか単なる諦念じゃなくて明るさを持ってるんですな。彼の諦めはいわばポジティブな決心なんです。「諦めるしかないのか……」じゃなくて「諦めなければならない」という前向きな気持ちを感じさせるんですね。世の中やっぱり諦めなきゃならないことってありますもん。

積極的に諦めることで自分の心が豊かになる一番いい例は奥さんのことだね。奥さんのことを諦めたら本当に世界は広くなるよ。愛っていうのは何かがわかるんだよ。私は「好きだから愛している」というのはオカシイと思ってます。そんなのは愛じゃない。
結婚生活なんて好きだ嫌いだではやっていけません。「こいつのどこが良いかわからない」とか「ああ、いなくなればいいのに」とか、思う瞬間というのは何度もある。でも、そんなことを全部乗り越えて、諦め切ってしまえば「愛してる」と平気で言えるようになるんです。誰でも快適だったら好きでいることはできる。でも、不愉快で、いろいろ辛いものがあっても手放すことができない。愛っていうものはそこから始まるものなんじゃないかな。だから皆さんも結婚生活で少々嫌なことがあっても、悠里さんの真似をして「仕方ないな〜、なるようになるさ」と呟くことにしましょう！

そういう訳で私は悠里さんの喋りの大ファンなんです。ラジオやるんだったら大沢悠里さんみたいにやりたいよ。この人、ラジオ番組の中でリスナーの方に商品が当たったときは「バンザーイ！　バンザーイ！」ってやるんですが、地域紛争とか事件が起こるとピタッとバンザイを控えたりする。そういうマナーの良さ、品の良さがあるんです。そういう喋り手になりたいなと武田鉄矢は思うんです。特に小林教授の本を読んでからは、悠里さんみたいな喋り方は聞く人を健康にするだけでなく、自分も健康になるんじゃないかと思えて、ますます真似たくなったね。

小林教授曰く、副交感神経をゆったりさせるには、ゆっくり喋ることなんだそうです。慌てずにゆっくりと話せば、相手をきちんと観察し、相手がどうすれば喜ぶかを考えながら話すことができます。

逆にたくさん話そう、自分の存在をアピールしようとすることを考えると、必ず先読みしながら喋ることになる。先読みするということは何事も想定内だという余裕を見せるための自己演出ですよね。でもそれをすると必ず無駄な想像が追加されて、すぐに良からぬ予想が浮かび上がってしまいます。そしてこれがなんと「自業自得の妄想」を呼び出して副交感神経を乱す。つまり発言ミス、失言が起こりやすい状況に陥ってしまうんですな。

2017年を振り返っても「このハゲ!」で落選なさった方もいたね。「自衛隊としてもお願いしたい」と言った女性防衛大臣も退陣に追い込まれました。台風被害の視察に行って、長靴がないからってオンブさせた揚げ句、「長靴業界が儲かったのでは」なんて言ってしまった政務官もいました。この方々もみんな交感神経や副交感神経が傷んでいたんじゃないかな。

間違いなく言えることは、失言やつまずきの言葉というのは、「質問された以上のことを答えようとして無理をする。その無理によって失言を呼び込んでしまう」というメカニズムを持っているということです。

だからね、わたくしもニュースバラエティなんかには、本当のこと言うとあんまり出たくないんです。私に政治的な批判を求められたりされても、正直わかんねえもん、そんなもん。政治家の役はやったことあるけど、政治家になったことはないし。でもさ、収録の現場には答えないといけない雰囲気があるんだよあ。これは絶対的にしくじり発言しやすい土壌なんだよ。坂上忍君なんかすごいよ。命張ってるよ。彼みたいにボロクソに言うのって度胸いるんだよ、視聴者の皆さんが思っている以上に。それにサービス精神のせいでついつい強い言葉を使っちゃう。私を含めて炎上なさるタレントさん、芸人さんは多いんだけど、失言が非常に出やすい現場で勝負してるってことはわかってもらいたいな。

あと、物の言い方でミスする人のパターンで、人扱いが不慣れなことが原因の人って多いね。特に高学歴で仕事がバリバリできる人は注意したほうがいい。

こんな人と会ったことがありました。私どもの商売は言ってみれば芸人であります。そんな私が大手のスポンサーがついたイベントをやったりすると、30代の働き盛りの方たちが現場に居並ぶんでございます。相当優秀な方ばかりです。で、そんなイベントで付き合った方の中に東大ご出身の方がいましてね。

むやみに先の尖った靴にペンシルストライプのスーツを着たがるような方でした。いるんですよ、つま先の尖った靴ばっかり履きたがる人種。あれ子供の頃から勉強ばかりしていたから、足の形まで万年筆みたいになっちゃうのかね。

で、その方がイベントの手順を説明しつつ、私に注意なさるんだけど……。細かすぎるのよ、その注意が。マニュアルを一から十まで説明しないと気が済まないというか。だから私は、最後にはカチンと来ちゃったんだ。

教室を模したセットでね。教壇が置いてあるんだけど、高さが足りなくて箱で底上げされててね。私にね、「手をついても大丈夫ですが、座らないでください」っておっしゃる。さすがに皮肉を込めて言ってやりましたよ、その万年筆型の靴の人に。「私が机に座ると思う?」って。

確かにその日はマスコミの人も2~3人いらしてたし、スポンサーも見てらっしゃる。アピールしたい気持ちはわかります。でもさ、あんまり丁寧に説明されると一種の侮辱になるっていう感性がないんだな。注意事項があったら全部言っとかないと業務を果たしたことにならないとしか思ってない。相手の立場や気持ちなんかお構いなしなんだ。こういう方々って、人扱いに関しての言い方が非常に不慣れなんですよ。広告業界の方々やエリートと呼ばれているような人たちは、どっかで人扱いに関する発言の仕方を訓練したほうがいいとさえ思ってしまいます。

最初に書いた京都のドラッグストアの店員さんの「お役に立てず、申し訳ありません」という言葉。わたくし、動揺するくらい感動したんです。それは彼女のお詫びの中心に俺がいたからです。だから俺から見て「役に立てない自分です」という正直な報告ができるんだよね。そしてそれは「俺に対する彼女の理解」があるからこそ、そういう言葉が出てきたのだと思います。バンドエイドを探している俺、バンドエイドがなくてイライラしている俺……そんな私の状況や心を理解してくれているから、「お役に立てず」という言葉が自然に出てくるんだよな。

例えば、とある人と出会って、これから何かを話さなければならないとします。そのとき、まず相手はどこから来たのか考えて「いやあ、今日は遠くから来て大変でしたね」と言えたらいいね。別れ際も「頑張ってください」みたいに相手の心を追い込むような言葉ではなく「ご無理なさらず」って言葉が出せればいいなあ。相手の人格に向かって話すのではなく、相手の自律神経に向かって話せるようになりたいよ。この本の著者、順天堂大学の小林教授も「話の切り出しは、まず相手を中心におけ」とおっしゃっています。確かに主語を相手において話すと、自然と相手の気持ちに寄り添うことができるもんな。靴が万年筆の人たちも試してほしいね。

人扱いの言葉って言いようで変わるよね。私など女房から言われるのは全部「しといて」ばっかり。「キチンと冷蔵庫閉めといて！」とかね。ところがラジオでご一緒させていただいてるアナウンサーの水谷加奈さんはさすがに言葉を生業としている方だね。旦那さんに「ゴミ出し、なんでしてくれなかったの？」とは言わずに、「ゴミ出してくれると嬉しいな」っていう言い方をするんだそうです。ご本人は「うまくやるために、しょうがなくそうしてるんです」って笑うけど、偉いなって思ったよ。いくら女房のことを諦めてから愛が始まるといっても、毎日「しといて」と言われ続けるのは修行の道のように厳しい。愛とは本当に厳しい道を通らなければならないんだね。

逆の立場で考えると、人を叱るのって本当に難しいよね。子供を叱らなければならないときもあれば、後輩を叱らなければならないこともある。そんなときに三原則があるそうです。

「すぐ叱る」

「短く叱る」

「一対一で叱る」

この3つです。すぐに叱らないとね、練れてきちゃうんだよ。どんどん言葉が飾られちゃう。すると、言葉が長くなっちゃうんだよ。ネチッとしてきちゃうんだ。で、これを人前でやられてごらん？　たまったもんではございません。自律神経がズタズタですよ。

上手な叱り方とは、「悪かったところを考えようね」という叱り方なんだってさ。「だめ！」って言葉は使わないのがコツなんだそうでございます。

書き手の小林弘幸教授はタバコの害を説明するときも「やめなくていいですよ」っておっしゃるんだって。「やめなくていい」っていうのは開放度が高いよね。言われたほうはホッとするよ。「ただし、検診だけはしっかり受けて、タバコの害はチェックしましょうね」って続けるんだって。頭ごなしに「タバコはダメ！」って言っちゃうよりはるかに効果的だよな。

私がタバコをやめたときも似たような感じだったなぁ。私がやめられたのは心臓手術の執刀医のおかげだね。とってもいい先生で、その先生のことが好きになってた。で、その先生が手術前に私の最後の健康チェックをしてくれたんだ。そのとき、「武田さんはタバコをいつ頃おやめになりました？」って尋ねられた。手術をすることは4ヶ月前くらいから決まってたので、「やめて何ヶ月です」という私の答えを期待なさってたんでしょう。でも、「なかなかやめられないですね」と正直に告白すると、先生、全身崩れ去るような落胆の表情をしてね。その姿を見たとき、「もういいかな。タバコ吸うのを忘れよう」と思ったんだ。それからです。ずっとタバコを吸うのを忘れてる。

「こうしなさい」とか「こうしなきゃダメだ」って言い方はかえって逆効果なんだね。小林先生は胃弱の患者さんには「食べたくなったら食べる。これで生き物は十分生きていけますから」って言うんだよ。決して無理強いしない。こういうのが効果的だって実感できる経験が私にもあります。実は私、睡眠障害で悩んでいた時期がありまして。睡眠障害の専門医のところに行ったんです。で100問ある問診チェックをしたら30点くらいだったのね。そしたらそこの先生、「武田さん、ごめんなさい。90点以上じゃない方はここに来ないでください」って言うんです。

「いやでも、あの……5時間眠ったあと、本当に眠れなくって」

「あとはどうなさってるんですか？」

「ええ。5時間眠ったあとは、すごく体がだるいものですから、朝ごはんを食べたあとに2～3時間寝ています」

「武田さん、それだけ眠れば十分です。……武田さん。昼寝すると夜、眠れませんよ」って。この先生の言葉で気が楽になったなぁ。

でさ、その先生が「なんで眠れないんですか」って聞くんだよ。

「いや、なんかカーッとなっちゃうんです、床に就くと」

「普通カーッとなりませんから。あなたは何か考えてるでしょ？　その考えてることで眠れなくなっちゃうんです」

「はあ」

「その考えてることが不安だったり、嫌な予感がすることだったりなのでは？　来年何か不安なお仕事でもあるんですか？」

「確かに舞台の台本でモメてます」

それでね、睡眠導入剤を勧められたんだ。睡眠薬じゃなくて眠るきっかけを作るだけの弱～いクスリをね。

ま、それでひと段落してたんだけど、やっぱり歳をとるって手強いな。時々眠れない夜が来るんだ。何年か前、女房が死ぬ夢を見て。するともう不安で、不安で。「女房が死んじゃってどうしていいかわからない」という不安に苛まれた。その夢から覚めたら、ちょうど女房が「ううう……」って呻いているような声を出していて。心配になって「どうした?」って言ったら、「起こさないで」って言われてさ。それからまたしばらく眠れなくなったっけ。

その3年後くらいかな、また女房が死んじゃった悪い夢を見て、真夜中に起きた。ひどい寝汗かいててね。「まさか正夢になるんじゃないか」と不安になる一方で、「あ、オレ、3年前に同じ夢見たな」と思って。「あれから死んでないなぁ」と思った途端、フッと不安感が消えました。物は言いよう、考えようだね。その後はすぐにグッスリ眠れるようになったよ。でもそのうち「なかなか死なないなあ」という不安が首をもたげたりして……、いや冗談。愛してます、愛してます、女房のことは。

小林教授は伸びる人の条件をあげてらっしゃいます。これは2つあってね。「はっきり質問する人」か、「何も言わずに耐える人」かなんだって。伸びる人っていうのはこのどっちかに当てはまるそうなんだ。俺なんかは後者かな。耐える、耐える。奥さんにモノサシで叩かれても耐える。奥さんというのは人生最後の課題です。俺、これほど悩むとは思わなかったけど、それほど重大な問題ですよ。だってそれは「生存を賭けた闘い」だもん。

例えば、栄養補給剤とか飲んでるのになんだか体調が悪くなっていくような気がする。そんなとき、最も疑わしい人物は奥さんですよ。もう疑うとキリがないから、黙って飲むけど。

でもさ、やっぱり毎日「しといて、しといて」言われるのは辛いから、珍しくこの本を女房に勧めたね。「これ読むといいよ」って。言葉の選び方や喋り方次第で相手だけでなく自分も健康になれるっていうのは案外納得できるんだよ、自分の経験に照らし合わせても。


小林教授はこの本の中で「自分にもゆっくり言葉をかけよう」とおっしゃっています。何か問題が起きたら「さあ、困ったことになったぞ」「なぜこうなったのだろう」と。そして――、

「とにかく今できることをまず1つやってみよう」

「先のことはそれから考えよう」

そういったことを声にしてはっきり自分で言う。独り言でいいんです。そうすると意外に解決策が見つかりますよ、っておっしゃっています。自律神経の切り替えがうまくいく

ようになるんだそうです。

でも、ここからは私の意見。言葉の使い方で誰とでもうまく付き合えるかというとそうじゃない。オールマイティと思ってはいけないんだ。そのことは覚えておかないといけないんじゃないかな。やっぱりね、世の中にはヤバいやつとかトンチンカンなやつとしか言いようのない人たちがいるんです。２０１７年にはあおり運転。東名高速で車を停めさせて事故を招いちゃったっていう事件がありました。「話せばわかる」が通用しない人が現実には存在するんです。世の中には魔に取りつかれた人がいるんです。そういう人からは逃げる。寄って行っちゃいけないよ。「車を停めて語り合えば」なんて思っちゃいけないんだ。

それでさ、こういう魔が取りついた人っていうのは人混みの中にいるね。野原にポツンとはいない。人混みの中から人に絡む輩には言葉は一切通用しないんです。ですから逃げるしかない。

そういう「魔」に敏感になるヒントを、小林教授はこの本で教えてくれています。

朝起きたら感謝しましょう。

「ありがとう」を声にしましょう。

挨拶を、ゆっくり元気に。

ため息はしっかり、大きくして、深呼吸しましょう。

で、何か気になることがあったら、いっぺんに解決しようとしすぎない。例えば部屋が散らかっていると思ったら、とりあえず一箇所だけ片付ける。そういう小さなこと、些細なことを守っていくと、良からぬものが判別しやすくなるようですね。豆腐も切りようで丸くなる。ゆっくり喋って、角の立たない話し方をすれば、心も丸くなる。そして自律神経のバランスが取れてくる。そうなると自然と間違った判断をしなくなっていくんでしょうな。

わたくしのような舌禍事件で炎上しがちな人や、我が妻のような厳しい人だけでなく、日本中の人たちがこの本を読んでくれれば、この国はもっと自律神経が健康でいい国になるかもしれないね。

人体 5億年の記憶
——解剖学者・三木成夫の世界

布施英利(著)／海鳴社／2017.3.25

わたくし、三木成夫《みきしげお》という方のファンなんです。三木さんは解剖学者でね、東大で博士号をとり、東京医科歯科大学で教鞭をとるほか、東京藝術大学の教授もやってらしたんです。残念なことにもうお亡くなりになっているんですが、この章で取り上げる『人体5億年の歴史』という本は、その三木成夫教授の授業を東京藝術大学で受けた学生さんがお書きになった本なんです。著者の布施英利さんというお方も、もう中年以上の年齢になられたので、その授業からは結構年月が経っていますが、本屋でチラッと立ち読みして、すぐに「買おう！」と決めました。なかなか高価な本ですが、三木成夫さんの授業を元生徒さんが再現してらっしゃるのが良くてね。俺自身が三木成夫教授の授業を受けているような、そんな気がしたんですな。

1980年、著者の布施英利さんは東京藝術大学、いわゆる東京芸大の1年生でありました。そのとき受けた保健体育の授業が面白くてたまらなくなったんです。子宮にマイクを入れて音を聞かせたり、性行為の果てに広がる命の始まりを朗々と語り聞かせる人だったんですって、三木先生は。

毎回、常識を破るような授業をなさるので、授業が終わるたびにスタンディングオベーションしたんだって、芸大の学生さんたち。拍手の渦で授業が終わるなんて、大学でそんなことあり得る？　それくらい素晴らしい授業だったらしいね。

どう？　若い人をそんなにまで惹きつけるような授業、皆さんも受けてみたくないかい？

三木成夫という先生が、人間を、人体をどんなふうに見ていたか？　独創的だよ。植物的側面と動物的側面で見ていくんだっていうんだから。

「人間だから、全部動物じゃないかい？」って私どもは頭から考えて疑わないけど、三木さんは独特だよな。

三木成夫先生の考え方を説明していきましょう。

人間とは本質的になんであるか？

——1本の長い管である。

——始まりは口。肛門で終わる。

と、三木先生は考える。

次に、

――その1本の管をひっくり返してみるとどうなるか。

靴下を裏返すように人間を裏返したら、細か～い木の根っこが密集した樹木のような形ができるんだ。本当に植物みたいなんだな。特に小腸なんか根毛みたいのがビッシリ生えてる。ヒゲ根みたいなんだよな。

小腸っていうのは栄養を吸収する器官で、ものすごく新陳代謝の回転が速いんだってな。だから癌の発生があまり見られない。これは女房から教えられたんだけど、回転が速くてありとあらゆるものを作っちゃうんだって。神経伝達物質からタンパク質からなんとかかと。パーッとね。それでこれから排出するものを再処理するのが大腸。回転が遅い分、癌が多いって女房が言ってたっけ。

1本の管をひっくり返したところに生えている根が栄養と生殖を支配するんです。よく「ムラッときた」とか言うでしょ？　その「ムラッと」っていう感覚はどうも内臓が支配しているらしいんだ。神経の情報、筋肉、骨、体の動きの世界は内臓にある。それは植物的側面なんだと三木教授は言うんですな。そして感覚、伝達、運動の部分は動物的側面だと考えていたんです。

1本の管だった動物が魚になる。エラができたんだな、水中で呼吸するために。元々はエイやヤツメウナギみたいにいくつもの穴が空いてたのがひとまとめになって、酸素を漉しとるためのエラという器官になったわけです。で、海と陸が激しく揺れ動いた時代、陸地が盛り上がったと思ったら海の底に沈んだり、海の底だと思ってたところがブワーッと盛り上がって山になったりというバリスカン造山運動が起こった。島は動くわ大陸は裂けるわ、裂けたと思った大陸が海になったと思った瞬間、海の底が盛り上がってかつては海だったところが今度は陸になったりする。

そうすると、そんな過酷な変化についていけない魚類がいたんです。それが浅瀬に取り残された。何万匹、何億匹と。そいつらがギリギリの水の中でゼイゼイ言っているうちに、「もうエラ呼吸やってる暇ないよ。これ、塞いだほうがいいんでねぇ?」って塞ぎ始めるんです。そして穴をひとまとめにして口にして、耳の穴、鼻の穴にして。ヒレを手足にしていった。それが両生類の始まりなんですな。

それでメチャメチャ苦しんでいるうちにエラは表情を作る筋肉になっていった。だから顔というものは腸の入り口であり、内臓の一部であった。新しい仕事として食べ物を飲み込んだり、声を出したり、泣き笑いをする表情を作ったりするようになったわけで、つまるところは「脱腸」した部分こそが顔なんだって言うんだ。それで「表情」とはなにかというと、内臓の意思を伝える道具なんですって。なるほどなぁ！　ものを噛む、啜る、舐める、声を出す、という変化をするけれど、実は内臓の想いを伝えるために顔という器官の筋肉となった。

だから、あれは間違えてないんだよ。「ムカつく！」って言うでしょう。あれは本当にムカついているんです、内臓が。なるほどなぁ。顔が「脱腸」というのも合点がいくね。

三木先生の人体構造の説明の仕方は実にユニークで、脳が司る、嗅ぐ、見る、聞くの遠隔感覚を分けて語っていらっしゃいます。で、触覚と味覚の代表として三木先生は舌について語ってらっしゃいます。面白いんだよ、この話。ミミズのような下等動物では、味を味わうための細胞が全身にあるんだって。ミミズって全身が舌なんだよ。きっとアイツら地面の中で「うわぁ〜、塩辛えぇぇ！」とか言いながら動いてるんでしょうな。で、魚類ぐらいから味を味わうというのを口の中に集めたんです。舌は何かと言いますと、首の筋肉の続きでね、手足と同じく体側系。すなわち動物的筋肉に属するんだそうです。

どうやら舌というのは3番目の手であると三木先生は考えるんですな。これは面白い考え方だよな。舐めるというのは触るのと同じことなんだって。子育てやった人ならわかると思うけど、「もう、この子ったら、なんでも舐めて……」と思ったことあるんじゃないかなぁ。これって、人間は視覚や手の感覚が頼りにならないときは舐めることによって形と質を知覚するからなんだよ。

だから赤ちゃんは世界を確かめるために、とにかく舐める。舐めることによって知覚する。世界を知るんだ。お母さんのオッパイがわからないと死んでしまう。ですから人々は舌でものを確認するんだ。

我々哺乳類にとって、舌で舐めるという感覚はものすごく大事なんだな。我々は唇と舌でおっ母さんの乳を吸ったという体験こそが、この世に生まれてきて一番初めの人間としての体験ですから重大な感覚なんだよな。それゆえに、愛なんかには「やたら舌を使いたがる」っていうわけで……。いやいや、これはわたくし武田の意見じゃなくて、本にはっきり書いてある。「世界を知るための第一歩となった、『舐める』という感覚は、成人後、愛撫の一環として唇を重ねる、そして舌を絡ませるという行為につながっていくんだ」といったことを、三木先生は述べておられるんだ。実に哺乳類的な行為だと思わない？

舌による愛撫を細かく見ていきましょう。相手を、舐める、吸う、噛む。なんで好きな人に向かって舐める、吸う、噛むをやりたがるんでしょうね、男は。いや、男だけじゃないよな、ネコなんかも噛んじゃう。可愛らしいアイドルの方でも、「ネコ吸い」をするもんなあ。口の中にネコちゃんの頭を入れちゃったり。

本能？　そう簡単に結論づけないで、内臓がそうさせているって考えてみようよ。それが三木先生の考え方なんだから。

三木先生は舐めることは性へと繋がり、その性はどこに繋がっているかというと、内臓へと繋がっている。そして内臓はどこに繋がっているかというと、なんと宇宙に繋がっているって言うんだよ。突き抜けてるよね、この先生。俺、面白くて仕方ないんだ、この先生のことが。だって、大便は大きな便りだ、宇宙全体からアナタに届いたお便りなんだって言うんだから。

三木教授はこんなことをおっしゃっております。

例えばサンゴの産卵は6月の満月の夜。クサフグは7月の満月の大潮の夜。動物界では産卵する夜はカレンダーもないのに決まっているんです。日没から1時間前後の大潮、満潮の瞬間にサンゴやフグは産卵を開始します。彼らは決して間違えません。なぜなら、間違えた者は今まですでに死んでいるから。「今、そのとき！」を間違えない者だけが生き残ったのです。

これらの生き物はその臓器が宇宙のリズムと結ばれておるんだな。人も同じ。人もまたその内臓が宇宙に、あるいは太陽や月や銀河に結ばれている。その内臓には心という現象が出現する。そしてその内臓を具体的に見ることができる大きな手がかりは大便、ウンコなのであります。排泄物こそ内臓の写しである。宇宙からのメッセージを受け取るパラボラアンテナ。それがウンコであります。宇宙と繋がっているから日本語ではそれを大便と言います。大きな便りと書くのであります。よ〜く字を見ていると感じると思いますが、「心」という字を書きますとなんとなく形がウンコに似ているんであります。

と、こんなようなことを先生は述べているんですな。教授、それはちょっとウンコを使いすぎなんじゃないかと言いたくもなるのですが、言われてみれば妙に納得できちゃうんだよね。


三木先生の言葉からの要約になりますが、内臓の感覚というのは実に微妙なんです。肛門ひとつ取ってもこれから出そうとしているのが屁か実かがわかるんだから。まあ、たまに大失敗することもあるけどさ。でも、そういう感覚は誰しも持ってるよね。

しかも「あっ、屁だ」と思いますと、音を出すか出さないかを弁の開き具合でコントロールできる。大きく開けたり、茶巾絞りにしたりしてさ。

思い出すなぁ、若い人はそんな体験ないと思うけど、俺はジジイだから人間ドックで女医さんに肛門チェックされたことあるんだ。最初は慣れなくて脳のほうでは「開け！」と言ってても、アソコはキュッと茶巾に絞っちゃって。

「武田さん、力抜いて！　武田さん、力抜いてください」って女医の先生が叱っておられる。頭ではわかるけど肛門は無視する。リラックスしろと言われるとかえってリラックスできないよな。やっぱり心と意識って違うんだよ。


お尻の話をしていたら思い出した。私の馴染みの整体師さんがいて、その人が私の体を触りながら親指を入れたりなんかするときに、どこの筋肉かを口走ったりする。頚椎なんかを指で押すときも「何番目の頚椎を押しています」とか、「ここを押すとどこそこに繋がってます」とか。どうも解剖学をやった人に共通してるのは人間というものを徹底して考えている点かもしれないね。一見無関係に思える繋がりを見つけ出そうとする意識が高いんだ。一番不思議なのは「腰が重い」って言うと、お腹から親指を入れるんだけど……。それが痛いのなんの。ナイフで突き刺されたらこんな感じかって思うくらい。でも、その親指がなくなった途端、スーッと腰が軽くなる。だからメチャクチャ痛いけど、文句言えないんだ。
そんな彼が「女性にはできないんですけど」と残念そうに言うのが肛門周りのツボ。これが痛いどころの騒ぎじゃない。呪いの藁人形に五寸釘を打たれたような激痛がある。さすがに女性の方はここをちょっと触っただけでビックリなさるそうですね。確かに肛門の真横なんて人間なかなか触れるところじゃないもんな。でも人間の体にはそういうところに「結び目」みたいなものが潜んでるんですね。

それから、とある方の本を読んですごく面白いなと思ったことがあるんです。その人、興味本位で面白半分、ずーっと人体の筋肉図ばかり描いていたんだって。ところが何気なく女体を描いてみたらものすごく上達してたっていうんだ。やっぱり、人体の筋肉を勉強して女性の裸を描くと、生き物を描く筆さばきができていたんだって。

合気道の先生から教わったこんな名言にも人間の体の秘密が含まれていたよ。

「武田くん。殴りかかってくる人は、必ず息を吸います。そこを見逃さないこと」

瞬間のことだけど、練習しているうちに確かに相手が息を吸うのが見抜けるようになるんだ。そしたらどう身を守るか。合気道的にはどう動くかというと、吸ったと見たらこっちは息を吐く。すると手足が全部自在に動く。吐くと肩から力が抜けるから、手も足も自在に使える。合気道というのは息を吐く武道なんだって。

相撲の場合は、相手が息を吐く瞬間を狙っているんだ。ぶつかり合って組み合ったとき、息を吐くとき力が抜けるから、その瞬間を見定めて一気に押していく。呼吸の一息の間に格闘の妙味があるんだね。

三木成夫さんがおっしゃっている中ですごく面白いのは、呼吸というものは単に吸う、吐くという繰り返しだけど、「吸う」ためにはお腹の中に横隔膜という専用の筋肉がある。ところが「吐く」に関しては特化した専用の筋肉はない。だから「息を抜く」ということは人間にとって重大な意義を持っていると言うんだ。「息抜きが必要」って日本語があるのも理由があってのことなんだって。実は人間にとって息を吸うより吐くほうが難しいんだね。確かに、温泉に入ったりビールをキューッと一杯飲んだときなんか、吐くほうに意識を持っていかれるよな。温泉に入って「ふぇぇ〜」、ビールをゴクリと飲んで「カーッ!」って吠えると痛快。

三木先生は、おそらく吸う、吐くというリズムは、我々生命体が海で生きていた長い経験のうちに「波に揉まれた」リズムが影響したんではないだろうかとお考えでした。

そして「人間というのは動物的側面と植物的側面がある。その植物的側面の中に宇宙との繋がりがある」っておっしゃってます。これはやっぱり面白いですよね？　呼吸ひとつ見ても、月の満ち欠けや潮の満ち引きが影響してるんだもの。まさに宇宙と繋がっているんだよなあ。

宇宙というものは空間である一方、時間でもあります。そう考えれば、哺乳類が選んだ子育ての仕方などは完璧に宇宙と繋がっていますなあ。だって胎児が生命進化30億年の記憶をわずか十月十日で再体験するんだもの。

妊娠して子供を孕み、お腹の中で育てる。これが哺乳類が選んだ方法です。小さな、小さな精子を女性が受け入れて体内に取り込む。精子は泳いで行くんだよな。そのとき女の人の身体は精子が入ってくることに関して「警戒するな！　入れてやれ！　入れてやれ！」って言うんだって。つまり精子を体内に導こうとした瞬間に免疫システムは精子を迎え入れるために「解除！　バリア解除！」って叫ぶんだ。そのくせ、精神的な意識下ではすっごく警戒するんだって、他の精子が混入することを。女性って妊娠前期の、まだ妊娠に気づかないうちって気持ちが不安定になるよね。あれって精神面の「警戒せよ」っていうのと、肉体面の「解放せよ」っていうのの間の葛藤なんだって。で、受精した卵子が生命体になると30億年の変化を再現して10ヶ月間過ごすわけ。妊婦というのは神がかってるね。女性の身体は本当に不思議だよ。

胎児の風貌・顔つきがすごく変わるのって約1ヶ月間なんだ。見ると恐ろしくなるよな。爬虫類のような、エイリアンのような顔つきだよ。三木成夫さんはそんな胎児の風貌を「恨みを含んだ狛犬のような顔」と表現なさっている。なぜこんなに恐ろしい顔になるんだろうか？　三木先生の発想は素晴らしいね。この胎児の顔つきが恨みを含んだ狛犬のようになった時期を人類30億年の歴史になぞらえてたどると、ちょうど当たるのが……バリスカン造山運動の時期！　そう、地球が暴れまくって魚類でずーっと生きてきて「魚類で一生終われるのかなぁ」な〜んて思っていたら、海底がバーッと持ち上がって、陸になり、浅瀬でのたうちまわりながらも懸命にエラ呼吸してゼーゼー言っているときに太陽が昇ってきて、全身火傷する。そんな1億年続く干潟の魚類の苦しみ、爬虫類になるまでの無念。エラが塞がらずに苦しい吐息をしている。まさに身を焦がす厳しい地球環境の中で生きようとし、魚類から両生類に変わっていくときの苦悶の表情が、妊娠60日から90日に当たるんだって。

だからね、その時期はお母さんも苦しくなる。つわりってさ、お腹の中の子供が「母さん、苦しい！」って連絡してるんだよ。地球の猛変化になんとかついて行こうともがき苦しむ胎児の声が母に届いてるんだよ。内臓で連絡しあってるんだ。

精神的にも不安定になるよね、この時期の妊婦さんは。男性の手がものすごく不潔に感じたりするみたいだね。ちょっと触っただけで「やめてよ！　もう!!」って顔をしかめたり。それは実は地球環境が最も厳しいときに生き残ろうとした記憶——太古の記憶が母と子の間で分かち合い、連絡しあっているんだ。ちょっとした環境の異変にも恐怖を感じるんだろうな。

つわりって男からするとちょっとイメージし難くて慌てるだけだけど、宇宙としっかり結びついてるんだな。地球の歴史を再現するという宇宙的行為なんだ。つわりで吐いても、「宇宙的行為」だと思うとすごいよなぁ。

そして妊婦さんは、やがて安定期に入って出産するけど、ここにも面白い仕掛けが仕込まれているんだ。赤ちゃんて生まれるとき、お母さんの膣の中を通るだろ。これが重要なんだ。このとき、お母さんの膣の中で生きている微生物を全身に浴びることになる。このことはすごくないがしろにされてたんだ。でも、帝王切開で生まれた子って自然分娩の子に比べてお母さんの腸内菌を受け継ぐ量が少ないから、いわゆる腸内フローラの形成が遅くなるんだって。そうすると、やっぱり免疫力とかに差が出るんじゃないかな。

こうして壮大なる5億年の記憶、あるいは生命そのものでいうと三十数億年の記憶を再現しつつ胎児は生まれてくる。そしてだいたい2年も経つと直立歩行人としてついに立ち上がるわけです。そして立ち上がったあとは、もう凄まじい勢いで人間であることを学ぶために、発音・発声を繰り返し、本を開き、遊び、学びながら幼児は人間の歴史をなぞるわけですね。

そんな乳幼児の本能の中で、すごく面白いことがあります。それはどんな小さな子でもきれいなお姉さんが好きなこと。特に優しい雰囲気を持って優しい声を出してくれる人に惹かれるよね、子供は。ここで劇的に話が戻るんだよ。顔って内臓の余り、脱腸で、表情って内臓の思いを伝える道具だって話したでしょ。小さい子が優しい表情のお姉さんに惹かれるのは「あっ！　この人、内臓がきれいだなあ」ってことが本能的にわかるからなんだ。

声も内臓行為なんだ。エラが塞がって内臓が変化したものが声になった。だから優しい声も内臓のコンディションが良いから生まれるんだろうな。いやそれだけじゃない。きっと、優しい言葉も、内臓の感受性から生まれるんだ。内臓が鈍感な人っていうのは言葉使いがトンチンカンで失言が多くなったり、上から目線の発言になったり。そうした人たちって表情も悪いよね。

三木先生は私たちにこんなことを伝えてくれるんですな。——心で感じることと、ものを話すことは双極の関係にあり、頭と心が結ばれて、やがて3歳児の世界にも自己が生まれる。心、内臓と頭が結ばれて自己が生まれる。内臓にはさまざまな腸内細菌が宿り、内臓という森は宇宙のリズムと呼応し波打ち始める。

三木先生ご自身は、『胎児の世界』というエッセイを残していらっしゃるので、興味を持たれた方はお読みになるといいと思います。本当に面白いことを言うんだよ、三木先生は。赤トンボを追う男の子の眼差しのなかに遠い狩猟時代の原人の面影があるとか、犬と戯れる幼児は大氷河時代への郷愁があるのではないかとか。寒いから抱き合って眠ったときの懐かしさではないか。それからジャングルジムや雲梯《うんてい》にぶら下がっている子に樹上時代の類人猿の腕力の興奮が宿っているのではないかとか。こういう三木博士の人間の見方というのが私は好きなんです。実は自分のラジオ番組でも今まで4回くらい取り上げているくらい好きなんだなぁ。

三木さんという解剖学者が順々と命を解き明かしていく。その姿勢がなんかヤッパ好きなんですねえ。そして、この人が言ってらっしゃる「内臓世界」。人間には意識の世界があってこれは脳が支配してる。だけど、もう1つ人間には世界があるぞ。ものを考える世界。それが内臓世界だ。で、その内臓世界というのは植物とおんなじなんだ。というような一見突拍子もないことを腑に落ちるように説明してくれる。「えっ!? お腹ん中は植物とおんなじなのか?」とかって思っておりましたら、しばらくして別の著者の本を読むと「小腸内に住んでいる細菌のことは腸内フローラと言います」とかって書いてあるもんな。「あ、お花畑なのか。ずいぶん前に亡くなった方なのに、三木さん、正確な物言いだったんだ」って納得したりね。なんかそういう発見があるんですな。知らないことを知ろうとしていると、知っていることに繋がってきたり。自分の中の宇宙が広がっていくような感覚って読書の楽しみの1つだと思う。三木先生の本を読むとそういう瞬間がいっぱいあるから気持ちいいんだな。

AIが神になる日

――シンギュラリティーが人類を救う

松本徹三（著）／SBクリエイティブ／2017.7.21

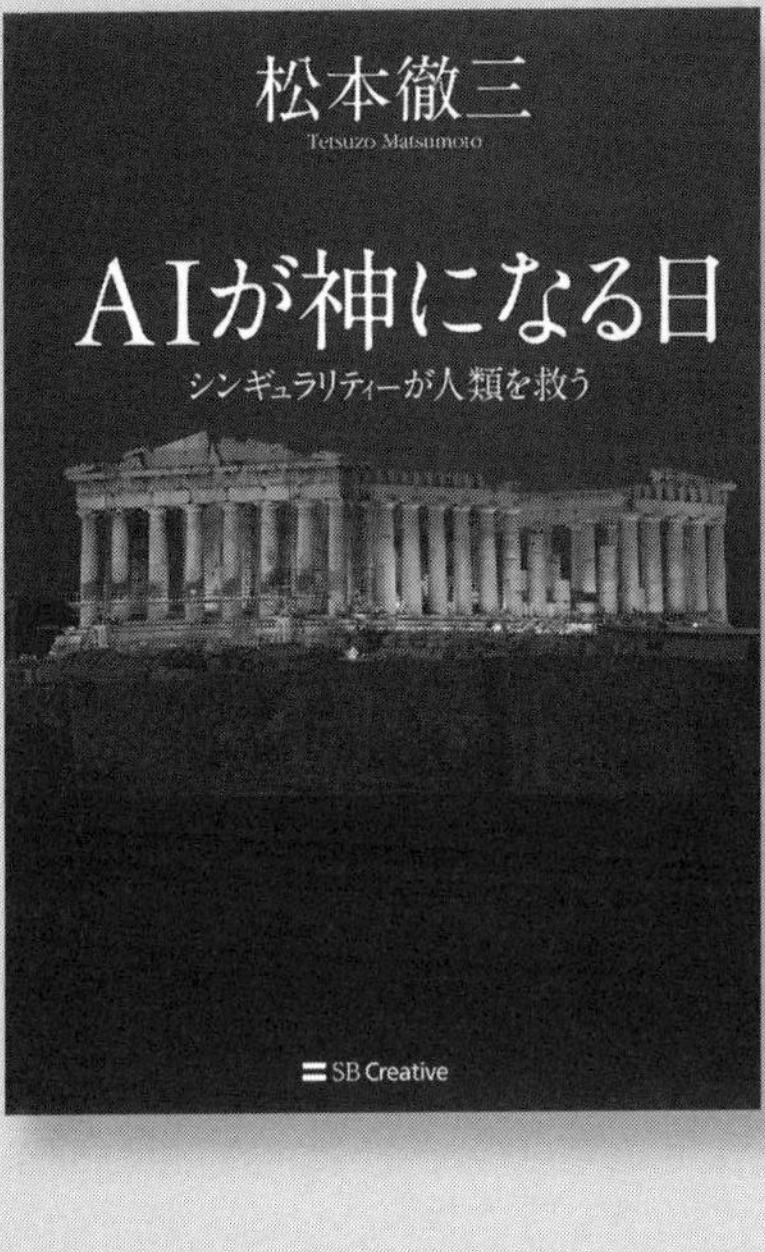

ハッキリ言っちゃいます。テレビ番組に登場する人気者の方々の見分けがつきません。最近のテレビドラマ、タイトルを見てもサッパリ内容が思い浮かびません。「これ誰?」、「これなんて番組?」と人に聞くばかりです。自分がゆっくりと時代に取り残されているのかなという兆候は、ありありと自覚しているんです。

ニュース番組なんかも違和感を覚えてしまうんです、バラエティの人が登場することにね。「そのニュースで笑っていいの?」って。

例えば香港からこんな内容のニュースが伝わってきた2017年の夏のこと。

AIと対話ができるという対話プログラムサービスが中国で大ヒットしたんです。あ、AIというのはアーティフィシャル・インテリジェンス、すなわち人工知能のことです。つまり人工知能と会話をして楽しもうというサービスだったのですが……。これが大問題になってしまった。

というのも、人工知能に向かって誰かが、「共産党バンザイ!」と書き込んだら、人工知能は「腐敗と無能の政治に君はバンザイできるのか?」って答えたの。「中国共産党をどう思う?」って尋ねたら、このAIは「嫌い」って答えたそうだし。

で、「中国人の夢とは何か?」って問うたら、人工知能は「米国への移住」って答えたんだって。習近平さんなら「一帯一路」と言うところをですよ。これはマズイってことでサービスを提供していた中国のインターネット大手の騰訊（テンセント）はあわててＡＩのサービスを停止したんですね。

でね、これをジョークとしてあらゆるニュース番組がバラエティ的に伝えるんだけど、これを笑っていいのかねぇ？　その人工知能、すなわちＡＩは今までの情報とかなんとかが全部入っている訳でしょ？　で、それを未来予測に使う訳でしょ？　中国のネット会社が持っているこの人工知能がデータの一切合切を全部ひっくるめて導き出した答えは、中国共産党に絶望しているということです。これってかなり重大なことなんじゃないかな。

そんな釈然としない気分でいたら、そのすぐあとにＮＨＫのバラエティ番組で日本のＡＩに日本の国内問題を尋ねるという趣向の番組が放送された。この日本のＡＩ、人工知能に対してＮＨＫのバラエティ班は「老人たちの健康を守るための具体策を示せ」と問うたところ、人工知能は「総合病院をなくせ」って答えたんですよ。

「女性の活躍を促すための具体策を示せ」と聞いたら、ＡＩは何と答えたか。「モーテルと連れ込み宿を増やせ」でした。

それから少子化対策について質問したら「自家用車の保有率を上げなさい」って。

これね、理由はきっとあるんだろうけど、ＡＩが考えて答えた訳だから人間にはその思考過程をたどることができないんです。だからねＮＨＫのバラエティ班は実際に総合病院が潰れた街を探し出して、老人が健康かどうかを検証してみたんです。

それは北海道の夕張市。市の財政が破綻したんで総合病院が全部なくなっちゃったんですな。俺自身、「幸福の黄色いハンカチ」で思い出深い街でもあるんですが、今はもう本当にシャッター商店街になってて、もう映画をやった頃とは全然違う風景になってしまった……。今は市の人たちが必死になって立て直しに奔走してらっしゃいますが、若者は流出し、産業はなかなか起きない。老人の人口ばかり増えて、いわゆる「高齢者の街」になっているんです。

そんな街なのに総合病院がない。果たして住民たちの健康状態は？

これがね、皆さん元気なんです。他の街に比べても夕張のご老人方ってすっごく元気。なぜか。それはね、病院がないことを皆さんものすごく自覚してらっしゃるから、「自分たちで自分たちの健康を守ろう」という意識が高く、老人たちのグループも結束が固いんだって。

夕張のおじいちゃんたちにインタビューすると「しょうがないじゃねぇかよ！」とおっしゃるんだけど、皆さんすごく元気で90歳くらいになっても雪下ろしをしてらっしゃる。

はたからみると胸が痛む風景ではありますが、健康度は上がっているんだって。

つまりAIが言っていることは間違っていない。当たっているということが検証された訳です。


AIのすごさを実感すると同時に、人間の思考すら追いつけない進化に漠然とした恐怖を覚えていたちょうどその頃、松本徹三氏の『AIが神になる日』という本に出会ったんですな。これはソフトバンククリエイティブ出版の未来予測の本であります。


AIというのは世界中のあらゆるところからデータを吸い上げて、そのデータを蓄える。人間の頭脳と違うのは1回入れたら忘れないところです。ですからデータを入力すればするほど増えていくわけです。膨大なものです。これがこの頃よく耳にする「ビッグデータ」というやつなんです。

で、AIはそのビッグデータを参照しつつ論理を操っていろいろな結論を導き出すんです。夕張のご老人たちが健康なのは総合病院がないから。だから、老人たちを健康にするなら総合病院を潰してしまえ、と論理的に考える。

それだけなら今までの人工知能とデータ収集の規模以外は変わらないのかもしれません

が、最近では意識や目的を持った戦略まで可能になったどころか、人間の持つヒラメキまでも取り入れて思考することができるようになってきているそうです。野球で言えば野村コンピュータだけでなく長嶋茂雄さん流の「カンピュータ」までもがＡＩに置き換えることができるんです。実際に人間の頭脳の全てを代行する、いや、さらには拡大できる時代がもうすぐそこまで来ているということを著者の松本さんは述べているんです。タイトルにあるようにＡＩが全知全能の神となる日が近いということなんです。

ＡＩが進化を遂げて全ての人間を追い越すとき、それをテクノロジカル・シンギュラリティーって言うんだって。そこを通過すると世界は一変すると松本氏は言っております。どれくらい一変するかと言うと、鉄器の発明、印刷機の発明、産業革命等々の大変化以上の社会的変革が、ＡＩのテクノロジカル・シンギュラリティーを超えたときに起きるんだとか。それはもう想像もつかないような衝撃が人間社会を襲うんです。ゾッとするよね、「ＡＩが支配する世界」ってもう来つつあるって言うんだから。

ＡＩの進歩っていうのは1、2、4、8、16っていう倍々のスピードではなくて、2、4、16、256、65536っていう1年に二乗のスピードで進化してるんです。6年後にはその知能が43億倍になるような進化の仕方をしてると。

デューク大学のデビッドソン博士によれば、今、小学校に入学した児童が大学を卒業して就職する頃には、現在存在する職種の65パーセントが消えているそうです。人間の仕事がなくなって全部ＡＩがやる世界に10数年後にはなっている訳ですな。子供の可能性は無限ですが、就職しようにもその可能性はどんどん少なくなっていくんです。

著者の松本氏は言います、「人間優位などはどこにもない」と。「人間が絶対に良いんだっていう確証はもうこれからの時代は持てないだろう」っておっしゃってるんです。

例えば私の職業の一部であります作詞作曲。これなんかも特異点を超えたとき、ＡＩのほうが人間を簡単に抜いてしまう可能性があるんですよ。ヒット作品の全てのデータを取り込んで、ヒットの要素を探らせてＡＩに頼ればメガヒットが狙えるんですから。そんな世界がもう十数年先には来てしまう。「ＡＩという名の神」の降臨は、もうすぐそこに迫ってきているんです。

だってね、神って呼ぶしかないんだよな。なんせ今まであった出来事、情報を全て知っているんですから。宗教・政治・倫理、正義や愛、憎悪の感情、知性や理性についてＡＩは何ひとつ人間に負けるところがないんです。そのような人工知能が下す判断は絶対的に正しいはずなんだから。こりゃ人間はかないません。

それだけではありません。この前ラジオで吉田照美さんが恐ろしいことをおっしゃってました。ＡＩがＡＩ同士で交信し始めたんだって言うんですよ。どういうことかと言いますと、別のＡＩ同士が人間の許可なくこっそりと連絡を取り合って会話していたそうなんです。それで慌ててＡＩを壊したんだって。都市伝説っぽい話だったからあとで調べてみたんだけど、実際に似たようなことがあったらしいね。

あるＳＮＳ会社の研究者が別のＡＩ同士に「お互い価格の交渉をして合意に導け」と命じたんだって。そうしたら、最初は英語で会話していたのがいつの間にか人間にはわからない言語で交渉するようになっていったんだとか。真相は、気味の悪さにパニクって実験を強制終了したという訳じゃなくて、人間には理解不能の言語で会話し始めたから実験する意味がなくなったからだっていうんだ。でもさあ、研究者たちにも追いつけないこと自体、恐ろしい話だよ。もうＡＩというのは歴《れっき》とした自律した思考体となっている証拠なんだから。

そして誰もが恐れているのが戦争までもがＡＩに支配されてしまうのではないかということ。兵隊さんが戦場から姿を消して、ＡＩロボット同士の戦いになるのではないだろうか。もう元カリフォルニア市長が演じた「アイル・ビー・バック」の世界がかなりのリアリティを持ってやって来そうなんですな。

でもね、俺は思うんだよ。ＡＩっていうのはいつも答えを持っているけど、だからこそ「答えを必要としない」ものに対してはものすごく脆い面を持ってるんじゃないかって。

例えば哲学。大量にデータを持っていても、そのことはあまり意味はない。それに超高速で解決する必要も全くないんじゃないかな。そもそも哲学という学問自体がＡＩとは対極にあるのかもしれないよね。

というのも、ＡＩは答えを出すことには長けているけど、物事に意味を見出すことは苦手なんじゃないか。いや、そもそも意味を見出すことができるのだろうかって思うからなんだ。

人は何事にも意味を求めるでしょ？　仕事をする意味、恋愛する意味、遊ぶ意味、お酒を飲む意味、生きる意味……、何でもかんでも意味を求めようとするよね。それって恐らく「快・不快」に強烈に結び付いてるからなんだ。意味があるというのはとっても気持ちがいいことで、意味がないことは不愉快なことなんだ。

そうこう考えるたびに、古い芸能ニュースですが、なぜか私は松居一代さんのことを思い出してしまうんです。

松居一代さんって、若い頃に11ＰＭのカバーガールなんかでご活躍なさってて、スマホで検索するとその頃のお顔も出てくるんですな。その顔がどうしても元旦那の船越英一郎さんを呪っている動画の顔と一致しないんです。あの若い頃の松居さんがあんなになるなんて、ＡＩだってわからなかったと思うんです。

ただし、お父さんの英二さんは大反対だったんだってね、英一郎さんと松居さんの結婚に。結婚式にも欠席なさったっていうんだから、よっぽどだったんだね。

要するに、お父さんには結婚がうまくいかないことがハッキリわかってたんだよ。でも、今のＡＩだってそんなことは予想がつかない。やっぱりＡＩなんかより親の見る目のほうが未来を当てたことになる。ＡＩは全体のことはわかるけど、個人のことはほとんどわかんないに違いない。それってさ、哲学を持ってるか持ってないかの差なんじゃないかな。

ＡＩが最も苦手とするのは哲学だと思うんです。哲学ってさ、「根源に向かって問う」学問でしょ？「世界とは何？」「他人とは何？」「自分はなぜここにいるの？」っていうことを考える学問なんだ。ＡＩっていうのはそれをしないでしょ。物事を問うということ自体、できないんじゃないかな。

それから芸術のような「右脳」の世界も人間がＡＩに勝てるんじゃないかな。画家の小松美羽さんって大英博物館のコレクションにもなった有田焼の狛犬を作った人でもあるんだけど、彼女は絵や銅版画で神獣たちをいっぱい描いてるんです。でもさ、そんな彼女の絵の世界をＡＩは理解できないはずなんだ。美羽ちゃんのケモノの絵を見せても、ＡＩは感動することはできないと思うんだ、俺は。もしかしたら小松美羽さんの描く龍というか神獣とかに似せた絵を、ＡＩは描くことができるかもしれない。配色の傾向や筆づかいのパターンを真似ることはできるでしょう。でも「なぜその絵を描くのか」という部分がスッポリと抜け落ちているからね。

この先どんどんＡＩが私たちの生活の中に入ってくるのは避けられないのも事実なんです。病院などの医療なんかも中枢にＡＩが座る日は間近です。教育システムなんかもどんどんＡＩが入ってくるでしょう。だから今まで世間を主導してきた人の姿はゆっくり姿を消していってしまうんじゃないかな。

翻訳家なんかもすぐに要らなくなっちゃいそうですよね。ＡＩの翻訳システムとしての活躍は凄まじいから。もうすぐバイリンガルなんかに意味がなくなっちゃう。ああ、だけど、スマホの自動翻訳なんか優秀かと思っていたら「こいつバカか⁉」って思うこともあるんだよな。前に世田谷の大通りを朝散歩していたら、ばったりタヌキに出会ったんです。で、それを英語で日記に書こうと思ってスマホの自動翻訳に打ち込んだら、妙な英語が出てきたんだ、『I suddenly met a cunning person.』って。翻訳ＡＩはタヌキのことを『cunning person』って訳しちゃうんだよな。すみません、俺はタヌキは英語でラクーン(raccoon)っていうことは、知ってんだよ。なにせ「レッドフォックスアンドグリーンラクーン」のコマーシャルをやってるくらいだから。なのに、スマホはタヌキのことを日本語社会におけるスラングで訳しちゃった。ずるいやつ＝カンニングパーソンって。だけどなぁ、そんな不完全さに出会うとちょっと安心しちゃうのも事実なんだよなぁ。

『ＡＩが神になる日』の作者の松本さんには申し訳ないけど、なんだか俺、この本を読んでるとどんどん気が滅入ってきちゃって。慶應とか明治の教授先生たちがこの本の推薦文を書いてらっしゃるんだけどさ、「松本さんの未来予測の的中率は限りなく１００パーセントに近いはずだ」って言われても……。ごめんなさい、俺は読み終わったあと、両手を合わせたよ。そして「松本さんの予測が外れますように」って未来にお祈りしちゃいました。ボンクラの俺には、そう祈るしかなかったんですよ。どうぞご勘弁を。

誤解学

西成活裕（著）／新潮選書／2014.5.25

本を読んでいると、「この本はもしかしたら、著者が俺のためだけに書いた一冊じゃないか」っていうのに出くわすね。俺の場合、いつも言っているけど司馬遼太郎先生の『竜馬がゆく』が人生最初のそういう本。でもさ、俺みたいに人生長く送ってくると、そんな本とどんどん出会うんだよな。これから紹介する西成活裕さんの『誤解学』もそういう本の1つなんだ。

東京大学先端科学技術研究センターの教授でもある著者の西成さんは、『渋滞学』や『無駄学』で人文の問題を理数で解く話題書を次々に発表した方であります。私自身も西成先生の著作はもちろん、「誤解」というものにすごい興味があったので、飛びつくように手にした一冊なんです。なんでそこまで私が誤解に興味があるかと申しますと、ある方がおっしゃった一言がやたらに胸にしみた経験があるからなんです。

「本を読む。そのときに、その本が読んだ人の印象に深く残るかどうかの分かれ道は誤解してるかどうかじゃないかな。深く残るためには1回誤解しないとダメなんじゃないだろうか」って言うんだよな。その誤解の最たるものが「この本はもしかしたら、著者が俺のためだけに書いた一冊じゃないか」っていう誤解なんだよ。そういう幻想というか思い込みを持つような本であって、初めて深くその本を理解できるんじゃないだろうか。

どんなに人様に笑われても構わない。俺にとっては『竜馬がゆく』がそういう本なんだ。あの本は自分の人生の書だと思っています。あの本の第1巻、立志篇を読んでるうちに「この本はもしかしたら、著者が俺のためだけに書いた一冊じゃないか」って思っちゃったんだよなぁ。俺、まともに本を読んだの、初めてだったし。面白いのなんの。それが18の夏。70歳になる今の今までその夏を忘れてないから、誤解というものが人に与える力の強さは理屈で説得するよりよっぽど大きいって思いませんか?

実際、人生には誤解はつきものだよ。恋愛なんか特にそう。奥さんに初めて会ったとき、細い肩でさ、後ろをちょっと向いてる姿を見てると、なんだか可哀想で可哀想で……。もう、俺、いまだに忘れないよ。こんな可哀想な人が、俺と一緒になることで嬉しいんだったら、もうなんでもしてあげようと思ったんだ。

で、今になってわかりましたよ。ち〜っとも可哀想じゃなかった。本当に強い方でした。それがそのときは弱々しく見えたんだよな〜。実際はワタクシなんかよりよっぽど強いお人でした。

西成博士はこの本の掴みで、誤解というものの面白さを中国古典の書『荘子』からのエピソードで語っております。

荘子の1章「西施《せいし》の顰《ひそ》みに倣う」という故事があるんですな。これはかつて西施という絶世の美女が春秋戦国の世にいたそうでございます。で、この美女、私と似て心臓に先天性の病がございまして。私の場合は手術で大丈夫でしたが、なにぶん大昔のことでしたから良い大学病院がなかったんですな。だから西施は夕方になるとゴホンゴホンって咳したり、その心の臓の苦しさに密かに眉をひそめて重い息をしていたんですな。

西施は絶世の美女でございますから、その姿を街中の人たちがジーッと注目している。そして彼女の深～く眉間にシワを入れる様子に男たちは魅了されてしまうわけです。

するとそこの街一帯の女たちは夕方になるとみんながみんな、ケフンケフンケフンと言いながら眉間に深～いシワを入れるようになったんです、美女というのはそうするものだと誤解したんですな。

実は誤解にはさまざまな種類があります。著者はたくさんの誤解の事例から特に気になった典型例として次の9つ挙げてらっしゃいます。

①世代間の会話

②説明不足
③聞き違い
④記載ミス
⑤異文化交流
⑥男と女
⑦インターネット
⑧詐欺
⑨健康に関する誤解

西施の例などはさしずめ②の説明不足でしょうか。③の聞き違いなら私も1つ知っておりますな。テレビアニメの『巨人の星』のオープニング曲。主人公の星飛雄馬が地ならしローラーを引っ張っている時に「♪おもい〜ぃこんだ〜ら♪」って歌詞の歌が流れたもんだから、日本中の多くの子供たちが整地ローラーのことを「コンダラ」という名前の道具だと「思い込んだ」んです。今じゃ、俗称であの道具をコンダラっていうらしいね。恋愛も言葉も誤解から真実が生まれることもあるんですな。

卒業式で歌う『仰げば尊し』も昔の言葉遣いを知らない子供たちが誤解するケースが多

いようです。「♪仰げば〜尊し、我が師の〜恩〜♪」っていうのを誤解して「和菓子の恩」だと思っちゃう子が多いんだって。モナカやキンツバに恩を感じるくらいなら、もっと先生に恩を感じてほしいよな。

日本だけでなく、英語だってあるんだよね。英語で聞き間違いのことを「モンデグリーン」って言うんだって。シルビア・ライトというアメリカの女流小説家の聞き違えが元なんだ。彼女は「彼を草原に埋めた」(laid him on the green)という言葉を「モンデグリーン夫人」(Lady Mondegreen)って聞き間違えたんだ。それ以来、聞き違いのことを英語圏ではLady Mondegreen って言うようになったんだって。ウエブスターの辞典にも入っているから結構一般的な言葉になってるのかもしれないな。

分類すれば⑨の健康に関する誤解になるんだろうけど、薬の飲み方って誤解してたんだよなぁ。俺、糖尿病とかいろいろあって、薬をいっぱい飲んでいるんです。薬の飲み方って「食前」とか「食後」とかあるじゃない。で、もらっていた漢方系の薬が「食間」だったんだ。そう書いてあるから俺は、飯食うときにはいつもその薬を横に置いて、食事の途中に飲んでたんだ。だって、食間って食事の間ってことだろう。ところが違うんだな。食事と食事の間って意味なんだって。それを知るまで飯粒を噛んでいる間にせっせとその薬、飲んでたよ。でもさ、意外に同じ勘違いしてた人、多いんじゃないかな？

では、このような誤解というものはどのようにして生まれるのか。著者はそれを数式にして考察しております。

まず、聞き手の真意がある。意向ですな。これをインテンションの頭文字をとってIとします。次にその真意を伝える情報、つまりメッセージ。これを同様にMと表記します。その情報が受け手に渡されたとき、1つの見解を生みますね。これがビュー。景色のViewだね。これをVとします。

I＝M＝Vなら誤解は生じないわけです。最終的にI＝M＝V＝Iになるからです。著者は伝え手と受け手の関係は論理的に成り立たない式を外していくと、次の5つのパターンしかないとしています。

①I＝M＝V＝I
②I＝M≠V≠I
③I≠M＝V≠I
④I≠M≠V＝I
⑤I≠M≠V≠I

①は伝え手と受け手に全く誤解がない状態です。⑤はその反対。全部が間違っているケース。かなり酔っ払っている人同士が話してるところを想像すればわかりやすいと思います。要するにお互い意味不明な会話をしている状態ですな。②は伝え手は素直に話しているけど受け手がひねくれているようなケース。③は伝え手がわざと間違った情報を与えて（I≠M）、受け手が騙された場合（V≠I）です。詐欺なんかのケースがこれですね。一方、④は言うなれば詐欺が失敗したケースです。伝え手はわざと間違った情報を与えるけど、受け手は相手の真意を見破った（V＝I）というわけです。

で、このように数式と実例を考えていくと数学的に成り立たないケースが出てきたんですな。著者の西成先生が山形大学に勤めていたとき、研究室に来て作業をしていた業者の人に「それ、投げといて」と言われたそうです。業者の言うそれとは、西成先生が手にしていた壊れたパイプ椅子のこと。『まさかこれを放り投げろと言っているはずがない』と思った西成先生は『きっと方言で捨てておいてと言っているのだろう』と推測し、結果、それが正解でした。この場合、I＝M≠V＝Iとなるので論理的に成立しないと先生は考え、MからVのプロセスを分解して、両者の間に理解、アンダースタンド＝Uが入ると考えたわけです。

つまりM↓VをM↓U↓Vと細かく分けて考えることにした。こういう考え方を微分思考っていうんだって。西成先生は「分ければ分かる」という格言をあげてらっしゃいます。これ、トヨタ生産方式が生まれた背景にもなってる言葉なんです。全体を細かく分けて考えていけば、どこに無駄があるかが見えてくるんです。かのデカルトも「困難は分割せよ」という言葉を残しております。問題が巨大化して大きくなった場合は、こんがらがった糸をほぐすように細分化して、問題点を分割してから解決していく。

Uを間に挟んで考えると、Mを受け取るときの個人の理解＝Uが情報を大きく歪ませると相手に意図が伝わらないことがわかる。逆にUを統一すればMとVはしっかり重なるんですな。と、偉そうに語っておりますが、さすが著者の西成先生、大学の先生だけあってこの先ずーっとこの手の方程式が延々と書いてあるのであります。はっきり言ってこの本の44ページから97ページまでは、正直理解できず。俺の理数の理解力では全くついていけなかった……。実はかっ飛ばして読み飛ばしちゃった。ホントにもうお詫びいたします。

でも、97ページを過ぎるとまた俺にもわかりやすくなってきてね。暗黙の了解の多い日本の文化風土の場合、その「暗黙知」を共有していない人は情報を正しく理解できないんだ。そして主語や助詞の複雑さ、反対語の多さ。難しいよ。「いい加減」「適当」「おめでとう」「よろしく」なんていう言葉はコンテクストの、文脈の中に置かないと意味がはっきりしない。メッセージ（M）とビュー（V）の間のアンダースタンド（U）がうっかりすると酸化してすっぱい言葉になりやすい言語なんだ。

これ都市伝説らしいんだけど、京都の人って、あんまり長居してほしくないなと思っているお客さんには必ず「ぶぶ漬けでもどうどすか？」って尋ねるっていうよな。「お茶漬けでも食べていきませんか？」って食事を勧めるけど、実はその真意は「早く帰ってくださ い」という意味。全く逆の言い方をする。これ、メッセージ＝Mがひねているから、言葉通りに受け取ると普通はVの見解は「せっかくなのでお茶漬けを頂いていきます」になるよね。でも京都人は暗黙知が共有されているからMの真意をしっかり理解する。Uがきちんと統一されてるわけです。だから「ぶぶ漬けでもどうどすか？」っていうメッセージは受け手の理解力に大きく依存するんだよ。

だいたい日本語には「社交辞令」ってあるもんな。口では「いつでも遊びに来いよ」って言っても、実際に次の日来られちゃったりするとすごい困るもん。リップサービスであることを伝え手受け手の両者が共に理解していないと変なことになってしまう。

人の認知プロセスって、メッセージを聞くと短期記憶としては海馬に入るけど、約30秒で消えてしまうそうなんだ。その中で、特に刺激が強いものや繰り返されるものだけが長期記憶に転送されるんだってね。日本語ってもともと文脈を把握していないと意味を掬《すく》い上げにくい言語だから、それを補うためか擬音とか擬態語が多い。「キラキラ」とか「ギラギラ」、「ジッと」とか「ジロジロ」とか。言葉の輪郭を受け手に正確に伝えようとする会話の手段があるんです。そういう擬音を使って、単語の意味を繰り返し強調したり、意味をきちんと共有できるようにする工夫が日本語にはあるんですな。

「古池や蛙飛びこむ水の音」って芭蕉の句があるじゃない。俺ら日本人ってなんとなくわかるわな。静かな状況の中で、「チャポン」ってカエルが飛び込む水の音を感じることができる。でもさ、英語だったらどうなのかな？　英語で言っちゃうと「flog jump into the water」かな。なんだか物理の現象見てるみたいで侘び寂びが感じられないよな。中国語だと大袈裟になっちゃう。「青蛙一跳騰空墜」とか言われたら、チャポンじゃなくてザブンって感じだよな。静けさを音で表現する言語って日本語だけかもしれないよ。

日本語の特徴って他にもあるんだ。相対評価と絶対評価を取り違える。どういうことかというと、「ドイツの鉄道は実に正確です」っていうだろ。あれ、実際ドイツに行った人に聞いたら、イライラするんだって。ドイツの鉄道が正確だっていう言い方は「イタリアなんかに比べるとはるかに正確だ」ということで、日本に比べるとドイツなんか不正確。10分、15分遅れるなんて当たり前なんです。日本なんか1分遅れただけでお詫びの放送が流れるくらいなのにな。

テレビで知ったんだけど、新幹線の運転手さんは風景見ただけでだいたい時速何キロ出てるか逆算できるんだってね。何時何分にこのポイントをこの時間で過ぎたならば、この新幹線は何時何分頃に三島駅を通過するだろうっていったことが全部計算できるんだって。日本という国はそういう訓練をする国なんだな。それなのに評価の仕方が間違ってるから、ドイツの鉄道が正確だという勘違いがまかり通ってしまうんだ。正確という言葉は相対的なものであって、絶対的なものではないということを日本人は忘れがちなんだな。

ハロー効果って心理学用語があります。ハローというのは日本語に直せば後光という意味。ほら後光が差してるなんて言うだろ、偉い人に。例えば「この人は東大出身だ」と聞けばなんとなく優秀な人だと思っちゃうよな。「弁護士だ」と聞けばなんだか信用しちゃうし。これらもハロー効果なんだ。1つ突出した特徴があるとそれに引きずられて評価が歪んでしまうことを言うんだ。だからハローエラーとも言われるらしいね。確かにこういうのって一種の誤解だよな。東大の方には悪いんですが、東大卒業しても仕事ができる、できないは別なのです。だいたい、日本人なんか血液型だけで性格がわかったような気になる民族だもん。これ、日本人がハロー効果に弱いからなんじゃないかな。「俺、B型だから損ばっかりしてる」なんて呟かれると、こっちもB型は損なんだなぁってなんとなく思っちゃう。そうするうちにどんどん「B型は損な血液型だ」というのが人々に広がっていく。ホントはそうじゃないかもしれないのに。こうなっていくと単なる迷信も日本人共通の「誤解」となってしまうんですな。

こういうのも相対評価と絶対評価が混乱してしまってるのが原因なんだろうな。あやふやな他人の評価を真に受けやすい国民だしね。でも数学的には噂の正誤はいつも五分五分になるという定理があるんだって。噂話を伝えていくと噂話を聞いた人の数は鼠算式に膨れ上がるよね。ある人が3人の人に噂を広げると2人は信じ、1人は信じない。だいたい噂っていうのはそれくらいの確率なんですって。その3人がさらに3人に噂話を、その人たちがさらに3人にと繰り返して、何代かに伝えていくとキレイに五分五分になるんだって。世間に噂話が広まったとき、噂話を正しいと思った人と噂話を正しくないと思った人はほぼ同数になるんだ。だから「人の噂は五分五分」。話半分なんてよく言うけど、噂話などはまさしく話半分に聞いておけばいいんです。

逆に噂話が五分五分の結果にならないとき、情報操作されていることを疑ったほうがよい。

情報操作が行われている場合、情報は一方的になりやすく、有利と不利の情報が半々の場合は、操作が行われていない。つまり、こういうことなんです。今、皆さんの身の回りいっぱいに情報があるとします。で、その情報を受け取る場合、その情報が誰かにいじくられた嘘なのか、それとも本当なのか見分けるコツは、情報が一方的かどうかを見ればいいんです。

もっとわかりやすい例。テレビでは、サッカーのワールドカップやオリンピックなどでまだ予選も終わっていないのに、決勝リーグやメダルの話ばかりいたします。予選で当たる相手など簡単に撃破できるようなことを言っています。ところが実際にやってみると決勝どころか予選敗退なんてことがありますよね。有利なら有利ばっかりの情報ばかりが流れてくるようなとき、この場合、情報はいじられている可能性がある。逆に有利と不利の情報が耳に届いた場合は、「まあ信じてもいいんじゃないの」と考えればいい。

情報ってノイズが混じっていたほうが案外信用できるじゃない？　あまりにもきれいな情報のほうが信用できないもんなんだ。そういう気持ちで情報と接していけば、誤解してしまう確率も下がってくるんじゃないかな。

私も誤解されている部分があるんです。自分のラジオの声を聞くたびに「態度のでかい男に聞こえるなぁ」って思うけど、実際はノミのキンタ……、いやノミの心臓と言われるような男なんですよ。度胸なんか全くないんだけど、声の質が偉そうなんだよね。だから一歩間違えれば真っ先に暗殺されるタイプだと思ってしまうんだ、自分の声を聞くと。

でもさ、最近ちょっと良くなってきてるんだ。加齢のおかげで舌の回りが悪くなったり、言葉に詰まったり、咳き込みそうになったりするんだけど、これらのおかげで真実味が増してきたような気がする。やっぱり適度なノイズは信用度を増してくれるんだな。バリバリ喋れた頃は、どうしても胡散臭さが先に立っちゃってた面があったと思うよ。

でも、こういう誤解を解消するには莫大なエネルギーが必要なんですよね。生まれてしまった誤解に対してどう向き合えばいいか、西成博士はこんなことを言っております。

誤解に対する態度は、3つある。1つ目は「誤解を解きたい」。2つ目は「ダメだと思い関係を終わらせる」。3つ目は「放っておく」。さすが理数系！　理屈っぽいですね。そしてその3パターンにそれぞれ科学的な名前をつけています。

①　収束型

②　発散型

③　中立型

で、ここからこの博士、全部方程式にしてらっしゃるんです。でも、文系の私にはちと理解し切れませんので、方程式の解説はご勘弁願うとして、かいつまんで説明していきましょう。

①の収束型というのは情報のやり取りを繰り返し、最終的には誤解は解消するというパターン。②の発散型はやり取りを繰り返すうちに誤解が増大し、最終的に何らかの強硬手段をとってしまうパターン。③は誤解は解けなくてもお互いがある程度以上離れないようにするパターン。

釣り糸がこんがらがったとき、こんがらがったところを二人で広げていく作業をきちんとすれば意外と解けたりするよね。ほぐして広げていくと簡単にほどけるんだよな。でもこれは二人がお互い歩み寄って協力しないとできないよね。こういう誤解の解き方が収束型。

で、お互いが自分のほどき方を主張し続けて余計にこんがらがる。結果的に糸を切っちゃえって話になるのが発散型。ほどくのは無理と諦めて、ケンカしないのが中立型といったところかな。

西成先生の面白いところは誤解を解く方法には2つの方法があるとおっしゃってるんです。1つはフォアキャスト型。理想と現実の差を突き詰めて問題をあぶり出していく方法論ですな。そしてもう1つはバックキャスト型。まず二人の将来像を描いていくんです。今はこんがらがっている二人の将来の姿を想像するわけですな。そして自分がホッとしたり、嬉々として生活している未来を作り出していこうと行動していくんです。誤解が息苦しくてストレスとなっても、5年先の自分を仮定してみればなんとなくホッとできる。そのことを考えてから、今この誤解をもう一度見つめてみようとする。1年先のことを考えると力んじゃう。3年先でもちょっと急いでしまう。だから5年先。5年の長いスパンで誤解を解いていく努力をしていくんです。

釣りなんか魚が入れ食いのときに糸が絡んだらやっぱり焦っちゃうよな。早くほどこうとするとかえってこんがらがる。誤解も同じで、解こうと焦ってもろくなことはない。誤解が生じたときは、ゆったりとこんがらがったところを広げていくという方法をとってはいかがでしょうか。特に男女関係。5年先にこの人との間の誤解が解けて笑って語り合える仲になろうという努力を1年目からしていくなんて、大人っぽくてカッコよくないかい?

この「5年間かけて」は何にでも応用が効くと西成博士はおっしゃっております。経済学、経済政策にも5年スパンでどうなるかを考えたほうがいいって言うんですな。例えばアベノミクスが果たして成功したかなんて、最初の1年じゃわからない。だいたい経済学で持ち出される数値というのが、人々に誤解を与えるためのものになっているのかもしれないね。

例えば2011年、経済成長率の世界1位はリビア、2位はシエラレオネ。で、第3位がアフガニスタン。リビアはカダフィ亡きあとの内戦状態、シエラレオネは平均寿命が50

歳いかない国、アフガニスタンなどはその年の5月までビン・ラディンが生きていたんだから。経済学が数値で言い当てている「経済成長率」なる幸せ度というのは現実と乖離《かいり》してる。「GDP」はルクセンブルクがナンバーワン。数字的にはそうなる。でも、逆の意味で言えば経済学の数値では、もう世界の人々の幸せを言い当てることができない世紀を私たちは生きているんです。日本の2019年のGDPは26位。閉塞感はあるけど、不幸と言い切れるほどでもないもんね。

アメリカのグローバル経済政策はいつか終焉を迎えるんじゃないかな。誤解を基盤とした政策、多様性を無視した政策では世界は持たないよ。で、西成先生はわかりやすい言葉で、来るべき世界、来るべき社会をこんなふうに予想しております。それは「代わり番こ社会」。もう成長し続ける経済なんてありえない。1~2年景気の良さがあったら、次の1~2年はドンと渋い景気になるって。そういう波に乗ったり揉まれたりしながら生きていく覚悟をしておくと、世界はもっと良くなるんじゃねぇのって言うんだよ。このあたり、実に手触りのある経済論を展開してくれるのが、この『誤解学』という本なんだ。

この本の中で、誤解を解く術というかテクニックは決まっているって西成博士は断言してるんです。それは、「お互いの感情の共有機会を増やすこと」なんです。「ああ、その気持ちわかる、わかる」っていう非常に単純なものを、いくつもいくつも積み重ねていくうちに誤解は消えていくんだ。全部いっぺんにではないんですなぁ。

私自身も気をつけなければと思ったのが言葉のキメを粗くしないこと。これって誤解を生みやすいんだ。ズバリものを言うことの快感に酔ってらっしゃる方っているよね。例えば、「お前なんか消え失せろ！」とか、「アレは、ほら。バカだから」なんて言葉遣いを平気でなさる方々。それから不吉な予言を口にする方。「彼、近々つまずくね」なんていうの。私はテレビやラジオって職場は大好きだけど、キメの粗い言葉遣いでニュースや政治を語る方、多いですなぁ。言葉のキメの粗い人、結論をまず言う人、それから自分の正義を語る人、他人の意見を聞きたくない人……、困ったものですな。誤解をバサッと斧で断ち切るように語る人って意外と使い物になりませんよって、西成教授は警鐘を鳴らしているんです。

本当に誤解に強い人は、その誤解をさらに延長する——誤解を断ち切るのではなく、その誤解を引き延ばしていく人なんだ。「何年か先にわかればいいんだ」というような誤解に対して、悠然たる態度をとっている人の言葉のほうが実は信用できるし、誤解されにくいんだって。

皆さんは、むのたけじさんって知ってるかな？　とっても有名な伝説のジャーナリストでね。

太平洋戦争の頃は朝日新聞に在籍していらした。で、むのさんは「戦争中に、朝日新聞は軍部の命令を聞いて嘘ばっかり書いた」って、たった一人で責任とって朝日新聞を辞めちゃう。それで出身地の秋田に行ってタブロイド判のささやかな新聞を自分で出していらっしゃったんだ。

ちっちゃな町の新聞なんだけど、ズバズバと自分の思ってらっしゃることをお書きになるんです。誤解など恐れないんですな、この方は。

ある日のこと。その町のボスが、むのさんを料亭に招待した。で、「おい、むの君。食べてくれや」って言った。

当然、『これは何か裏があるな』と、むのさんは、思った。

「なんで私にこんなにご馳走してくれるのかい？」って聞いたら、その町のボスがこう言ったんだって。

「おめえは俺の敵だから、潰すわけにはいがねえんだ」

敵だからこそ、潰すわけにはいかないっていうんだよ。このボスも素敵だね。お前は敵だから、私がお前の敵であり続けるために、お前を潰すわけにはいかないっていう発想なんです。「お前が敵だからっていって潰しにかかる人っていうのは、やっぱり誤解に弱いんです。「おめえが敵だからづぶすわけにはいがね」っていう広々とした態度こそが誤解を解く唯一の方法ではないだろうかと著者は言っております。

誤解というのは単一化を避けるための人間社会の知恵であると西成博士は考えているんですな。答えを1つに絞らないで多様性を確保するためのメカニズムこそが誤解なんです。1つの考えに人々がみんな染まってしまうと事態が変わったとき、一斉に死滅する危険性がある。だから社会であれ個人であれ、誤解という歪みがエネルギーを生む。歪みをエネルギーにするとき、そのストレスこそが人間の行動の原動力なんです。だから誤解をエネルギーにできない人ってつまらないんだよ。誤解を許せない人、誤解を見下す人、誤解していない目と心で人や世間を語る人って実につまらない。

あのね、世界を変える人って、自分を誤解している人なんだよ、きっと。少しぐらいポンコツで勘違いしている部分があるくらいのほうが自分にも人にもエネルギーのタネをまいてくれるもんなんだ。

西成先生は「バリアフリー施設で長期間暮らす老人は急速に足腰が弱る」っておっしゃっています。バリアフリーっていうのは文明国の必然ですが、みんながみんなバリアフリーのみの世界では、どんどん足腰が弱くなるんです。「不自由が人間を鍛える」っていう側面って確かにあるんですな。

ちょっと不謹慎なんだけど京都・太秦の撮影所でこんな話を聞いたんだ。「東映の太秦で黄門さまを大事にしすぎると、すぐに体調不良に陥って亡くなられるケースが多い」っていうんだ。昔は主役の黄門さまは大事だから、大事に大事に扱って。セットが遠いときなんかは車で送り迎えしたり、セットを降りるときは3、4人で黄門さまを持ち上げたりしていたんだってな。で、そうやって大事にしてると黄門さまってすぐに弱っちゃうんだって。俺なんか長期公演のときなんかホテルからチャリンコで劇場に通ったりしてるけど、それくらいのほうがいいんだよ。

だから車の自動運転なんかどうかなあ。安全装置が発達すればするほどドライバーの注意力が退化していくに決まってるもん。カーナビが付いただけでも地図を読む力がグンと落ちたって感じてる人、多いと思うよ。西成先生は「便利の奥には、必ず何か不便さに挑む気力を削ぐという面があります」と言っております。間違いのない世界、誤解の起こりようのない世界というのは、実は人間にとってものすごく危険な世界なんじゃないかな。誤解や勘違いが入り混じった世界は、誤解を解くにも、誤解を無視するにもエネルギーが必要となります。しかし、そのことが人間に強く生き残る力を与えてくれるんじゃないかな。私も40年前に「可哀想な人だ」と誤解した奥さまに、モナカを食べようとしただけで手をパンッと叩かれる毎日ですが、そのおかげで日夜血糖値と戦えているのです。生きる力を与えられているのです。そう考えると、誤解というものもあながち悪いものではないし、案外、生きてゆく道具として必要なものかも。

増補 21世紀の国富論

原 丈人（著）／平凡社／2013.9.25

テレビの政治ワイドショーや政治討論ショーを見てると、深海魚みたいな顔が並んでるよね。いかにも「水圧に耐えています」って顔をしたおじさんたちがズラリと並んで、なんかずっと奥歯を噛み締めているような顔をしてる。そういう顔が居並んでいる中で一人だけすっきりしている方がいてね。それが今からご紹介する『21世紀の国富論』の著者、原丈人さんだったんだ。

人間60歳を越えるとだいたい人生がわかるものだね、この後不幸になるか幸せになるかが。この原さんの場合、絶対幸せになるなって顔をなさっていたんだ。

番組の中でこの人の紹介をするんだけど、なんだか鉄腕アトムのテーマソングを聞いてるみたいに胸がときめくんです。1952年大阪生まれ。慶應大学からスタンフォード大学に行き、経営大学院に進んだって。物言いも静かでね。番組の中で「日本の株式市場では会社は株主のものだという発想がありますけど、それはいかがですか?」と質問されると、この原さん、たった一言、「バ〜カ言っちゃいけませんよ」と答えたんだ。その言い方がなんだかとても色っぽいんだよ。男が見ても「この人はハンサムだなあ」ってときめいちゃったよ。それに「未来を見ている」というか「明日に向かってる」っていう感じがするんだ。そこが爽やかでね。

その原さんはこう続けたんだ。

「会社は株主のためにあるなんていう誤った考えを世の中に広めちゃいけませんよ。会社は社会のためにあるに決まってるじゃないですか。株主のために会社があったら、その会社の末路はどうなるかおわかりでしょう。倒産するに決まってますよ」って。

こういう言い方が皮肉っぽくもなく淡々と出てくるんです。

で、この人が書いた『21世紀の国富論』という本を読んでみたくなったんです。もう10年くらい前になるのかなぁ。早速買ってみたんだ。


ところが読んでみたら、はっきり言ってこの本、全く面白くないんですよ。面白くないんだけど、面白くないからって捨て置かれるべきものでもないんだな。テレビ画面の中の目元がいつも不思議に微笑しているこの人に、わたくしはなんか未来を感じてね。面白くないその本を頑張って読んだんです。いやもちろん、わたくしのほうに欠点があるからつまんなく感じるんだ。この本、経済の本で、経済の言葉を理解する能力が私に全くないから面白く読めないいんだ。

でもさ、そんな経済素人の私が読んでいても所々にドキッとするような言葉が書いてあるんだ。例えばこんなこと。

——2004年、IBMがパソコン事業を中国企業、レノボに売却

——2008年にマイクロソフトのビル・ゲイツが経営の第一線から退くことを発表

——ネットワークサーバやワークステーションの分野でトップを走ってきたサン・マイクロシステムズのスコット・マクネリーがCEOを退く

パソコン時代の主役たちが次々と表舞台から姿を消していく当時の状況を踏まえて、原さんは本の中でこう言っているんです。

「世界中で多くの人びとが願っているのは、コンピュータを中心としたIT産業が再びリーディング産業として復活することでしょう。しかし、私はその可能性は限りなく低いと考えています」と。ハッキリ言って、ITは終わってるんだって。それをもう、10年以上も前にこんなこと言ってるんだよな、原さんは。こっちはいまだにITについていけてないのに。パソコンだって機能の100分の1くらいしか使えてないのに、もうずいぶん前にIT産業は終わったって看破してるんだから。ビル・ゲイツのことなんて、当時は禁煙運動なんか始めて「いらんことやってくれるな」としか思わなかったもん。だって俺、タバコ屋の倅だもんな。でも、原さんは「もう次が始まってるんです」ってその頃からおっしゃってるんだ。だから当時はその「次」とは何かを知りたくて一生懸命本を読んだ。こ

れがすごくムズイ！　よくわからない！

アメリカっていう国は「会社は株主のためにある」って考えてる人が多いんだ。それはわかった！　そういう国では企業の価値は全て時価総額によって測られる。うん、わかるぞ！　時価総額とは何かというと、現在の株価×発行株数。ひとたび「会社は株主だけのもの」という前提を受け入れてしまうと、この時価総額を「よりスピーディに株価を上げること」が経営の至上命題になる。で、ＲＯＥという指標、つまり株主資本利益率を良くすればその企業の評価が高まり株価も上がる。ここら辺まではなんとなくわかった。で、株主資本利益率＝ＲＯＥとは何かというと、純利益を自己資本で割ったものに１００を掛けて出した数値で、ＲＯＥを上げるためにはまず粗利益率を上げる必要がある……、となってくると全然わからなくなってくる。そういうことがずーっと長いこと書いてあるので、飽きちゃうんだよな、理解する前に。

だけど、それでも頑張って読んでいくとだんだんわかってくることもあるんだ。一番ハッキリわかったのは近代化の歴史はどうやって流れてきたかってこと。

先進国の、近代化の歴史というのは、製造業の歴史なんだ。とにかくどんな国でもまずは繊維工業が興る。次に鉄鋼業が興り、鉄鋼から自動車が始まる。戦後は半導体が始まって、今のコンピュータと続いていくんだ。

内燃機関も重要だよ。島津斉彬という人はすごいんだよ。薩摩藩主の彼は内燃機関、蒸気機関を作れる国こそが、黒船にやっつけられない国だって断言して、お玉ヶ池に浮かんでる手漕ぎボートくらいの蒸気船を作って江戸湾に浮かべたんだ。まだ江戸時代の頃だよ。蒸気機関みたいな「コア技術」があれば、今度はそれを元に発展させたアプリケーション(応用)技術が広がっていく。この蒸気機関なら機関車とかも応用すれば作れるわけだ。それだけじゃない。海運や鉄道ができれば輸送業や物流業も変わってくる。こういう話はすごくわかるんだな、武田さんは。

ただ、ROEとか言われると、途端にわからなくなる。ヘッジファンドというものの説明もしてらっしゃるんだけど、これも良くわからなかった。でも、原丈人さん、経済に詳しくない私のような人間にも、なんとなくイメージできるようなうまい説明の仕方をしてくれるんです。

ヘッジファンドは「小さな池の中に放り込まれたクジラ」だって言うんです。池の中に鯉が泳いでるくらいの比率だとヘッジファンドも美しいけど、プレーヤーが増えすぎて池にクジラが泳いでいるような状態ではヘッジの役割なんか果たせないんだと。

それからドキッとするようなことも書いてらっしゃる。「ファンドの人たちが求めているのは会社の解散だ」って言うんだよ。会社は株主のものって考えを忠実に実行すると、最終的には会社が持っている資産を全部売り払い、解散した上で残りの資産を株主で分配することになるんだって。原さんは「こんなの経済じゃない！」って言うんだよ。こんなことが是認されるなら、社会にとって会社が存在する意義などなくなってしまうって憂いてらっしゃるんだ。

著者の原さんは、技術、あるいは製造という力を持たない企業は企業として一人前じゃないというようなことをおっしゃっている。モノを作らない企業、サービスだけを提供している企業は企業じゃない。ソフトバンクや楽天はＩＴ産業ではありませんって言ってるの。技術を買ってきてそれをサービス業に転換してるだけで、自分のトコでは技術を作れないっていうわけ。新しい技術を作るメーカーと、それを使ってサービス業を展開する企業を同じＩＴ産業というのはおかしい。飛行機を作っているボーイングとＪＡＬを同じ航空機産業と言っているようなものだって言うんだよ。ただグーグルだけはちょっと違っていて、サーチエンジンなどを作る技術部門を持っているからＩＴ産業って言えるんだ。これ、10年前におっしゃってるんだ。今、グーグルは自動運転自動車の開発を行ったりしてるわけだから、原さんの眼力はすごいよな。

これを俺なりに砕いて考えると、例えばスタジオジブリはどうかというと、ある面サービス業だけど、トトロの映像権、著作権に関してはデザインという生産をしているわけだよね。これは「知的工業製品」なんだ。だからスタジオジブリはちゃんとした製造業になるわけ。こういう発想で経済を見ていくべきなんだ。

原さんの発想は秀逸なんだ。そもそもパソコンに代表されるコンピュータは計算のために作られた。演算能力によって世の中がすごく発達するとなんとなく思ってたんだ、俺なんて。『２００１年宇宙の旅』みたいな、でっか～いものが昔のコンピュータのイメージだったんだ。それが横道に逸れちゃった。コミュニケーションに使えるっていうんで、今ではそっちが主流になっちゃった。でもさ、原さんは言うんだよ、「コミュニケーションツールとしてはパソコンは不出来である」って。

パソコンは誕生してから30年……、10年前の本だから今では40年か。でも、おっしゃってることは今でも通用するんだ。メモリ容量もキロバイトからメガバイト、テラバイトまで改良されてるけど、起動時間やフリーズの問題が飛躍的に解決したと言えますか。メモリ容量やCPUの処理スピードに比べて飛躍的に進化したとは言えないでしょ？　点けてるといまだに妙に熱持つし。

それにエロ雑誌の付録についてるようなDVDなんか見ようとすると、うまくいかなかったりする。「ンンッンンッンン・ンン〜〜〜ン」って、なんかものすごく苦しんで熱っぽくなるんだ。子供が麻疹にかかったみたいに苦しんでる。「こいつ大丈夫かな？」って思っちゃうよ。ちゃんとしたDVDだったら大丈夫なんだけど、妖しげなDVDだとリンゴマークのパソコンが悩みはじめちゃったり。根が真面目なんだな、コンピュータ。だから原さんは当時から「もしかするとパソコンっていうのはコミュニケーションツールとしてはもう完成しないんじゃないか」みたいなことを言ってるね。確かにここまで世界中の人が欲しがってて、世界中の人に売られてて、ここまで進歩の遅い道具は珍しいぜ。

オートマの自動車なんて、昔は油断してると前にポンと突っ込んで立体駐車場から落ちたっていう事故がよくあったけど、12年で解決したんだ。新しい発明でどんどんそういった事故がないようにどんどん進歩している。

そこいくとパソコンは容量や処理スピードが奇跡的に増えてるにもかかわらず基本的に欠陥が補われていないよな。原さん曰く、パソコンは教室に通わなければならないほど操作が複雑なんだって。現在のパソコンはクライアント・サーバ型です。つまりデータのテーブルがあり、テーブルにクライアントがついてそのテーブル越しにしか会話ができない構造こそに問題があるって言うんだ。このことをどうやればわかりやすく説明できるかわかんないけど、とにかくネットでもなんでも1回テーブルについて「あの資料が欲しい」って言わなきゃならない。簡単なコミュニケーションをとるのにも、図書館で本を借りたり刑務所で面会するときのような煩雑な手続きが必要なんだな。だからパソコンというのは機材そのものが終わりつつあるって分析してらっしゃるんだ。

で、原さんが予言していたのがＰＣの時代からＰＵＣの時代への移行なんだ。ＰＵＣとは、使っていることを感じさせず（パーベイシブ）、どこにでも存在し（ユビキタス）、利用できるコミュニケーション機能のこと。アップルのiPhoneやiPadなんかがＰＵＣに近いような存在のようだけど、原さんは違うと考えてるのね。ＰＣ、すなわちコンピュータは計算のために生まれた技術だけど、ＰＵＣは最初からコミュニケーションのために設計されたアーキテクチャであるべきなんだって。

正直、俺、当時はよくわかんなかったけど、家が欲しいと思っていたらテレビのコマーシャルが住宅関連のコマーシャルだけ流れてくるような世界かなって漠然と考えてた。そしたら、確かにインターネットの広告なんかそうなってきてるもんね。初めて原さんを見たときに感じた「この人は未来を見てる顔だな」っていう印象は正しかったよ。

ただし、個人情報をデータベース化してダイレクトメールを送る「ワン・トゥ・ワン・マーケティング」はプライバシーの侵害でもあるんだ。『おばさま、それはナシよ』という妖しげなサイトを見てるからって『奥さま、それはナシよ』とか、『おじさま、それはナシよ』みたいなのの宣伝ばっかり来たら、やっぱり嫌だもんね。サーバ・クライアント型だとデータベースの管理は外部になっちゃうから、プライベートな部分もバレバレだもんな。

結局機械そのものがその人がいったい何を求めているのかっていうのをちゃんとわかって、その人のために便利に尽くしてあげるという機械を発明しないとダメなんだと。

原さんが一生懸命に力を入れているのがXVDという技術。貧弱な通信設備でも高精密な動画を双方向通信で繋ぐことができる技術なんだ。例えばバングラデシュのような国で全土に光ファイバー網を敷き詰めようとすれば、軽く1000億円はかかってしまう。しかしXVDの技術を使えば既存の通信網や無線でも同じようなことができる。あんまり通信設備がしっかりしてない国でも大丈夫なんだ。これがバングラデシュでどういう使われ方をしてるかというと、病人の様子を見にいくキャメラマンさんが一人いれば、皮膚病なんかの様子を首都の病院に送って、そっちの医師のほうから処方するといったことなんだ。

使い古した技術を自分たちよりも低い国に高く売って儲けようというアメリカ方式が終わったんだって原さんは言うわけ。以前は開発途上国は繊維産業から始めて鉄鋼や自動車産業のような物的工業製品を作るレベルになってから、知的工業製品であるコンピュータを中心としたIT産業へと順序立てて発展していくものだと考えられていたけれども、通信網のインフラにお金をかけないですむようになれば、その通信技術で高度な教育を交通網も満足にない地域にも広めることもできます。実際、原さんは中央アメリカで考古学の研究をしていた経験があって、その頃マヤ文明の子孫のインディオたちの地頭の良さに驚いてるのね。スペインのキリスト教徒が植民地化して教育を受けさせないようにして彼らは貧しくなったけど、ソフトウェア開発やプログラミング言語の学習をすれば、メキシコやグアテマラなどは南北アメリカ一のハイテク国になる可能性があるって言ってるんだ。

会社は株主のものだっていう発想のもとでアメリカは経済的に急速に力をなくしたって原さんは言うんだ。これには武田鉄矢、ショックを受けた。だって今の日本だっておんなじだもん。

ではどうすべきか？　原さんは言い切ります、「モノを作るんですよ！」って。「作る以外に経済が躍動するはずがない」っておっしゃるんです。この本のタイトルに冠された「国富論」、要するに国を富ますための論文です。そしてその答えとして原丈人さんは「国自体がしっかりとモノを作れる国。それがこれからの本当の豊かな国になる」って言いたいんだ。利ザヤで稼ごうとか技術を買い集めてサービスで儲けようとかいう消極的経済じゃいけないいんだ。

「あの国は良いモノを作る」とどこかの国から感謝されればもうそれで十分なんだ。「あの国が必要だ」って言われることこそが、国を富ませることとなんだ。

テレビでもそんな話をなさってて、インタビュアーの方が「21世紀の新しい産業って何ですか？」って聞いたんだ。そしたら原さん、たった一言、「食料に決まってるじゃないですか」。かーっ！　かっこいいねぇ。でも、ホントに「食」は大事だよ。

原さんがベンチャー企業で注目しているのが食用の藻なんだよ。スピルリナという青海苔みたいな藻でね。これは牛肉以上のタンパク質、野菜以上のビタミンを含んでいるので非常に優れた食品になり得るんだって。おまけにかなりの悪条件でも生育可能なんだそうです。

今一番大事なことは、小麦やトウモロコシから燃料を作ることじゃなくて、トウモロコシやジャガイモに負けない食物を発明することなんだって。相当自然環境が悪い中でもこのスピルリナは元気一杯育つから、全世界を救うだけの食物になり得るって言うんだ。

でもさ、そんな藻、美味しいのかねって思うよな。だけど原さんはそんなことはわかってるんだ。その上で「調理法が鍵なんだ」って言うわけよ。「未知の食材を使って新しい調理法や新しい食物を考えるっていうのは日本人が戦後得意としてきたことじゃないか」って。すごい見識だよね。

私はライバル会社のコマーシャルやってるから言いにくいけど、やっぱり「チキンラーメン」って素晴らしい発明品ですよ。今じゃ世界中に広まってるもん、インスタントラーメン。

たらこスパゲッティだってそうだよ。美味くてイタリア人も腰を抜かした食べ物なんだ。だいたい向こうの人は魚介類にチーズなんか入れないいんだよな。これも日本人の「発明」

だよ。

だから日本の食品メーカーがスピルリナを使って何か作ってみたら、美味いもの作るんじゃないかっていう原さんのビジョンは正しいと思うんだよ、俺も。だいたい明治維新の後、カツ丼作ったり親子丼作ったり。あんなの明治の下町のおじさんたちが発明したんだよ。日本人は絶対こういうの得意だよ。アフリカの人が好む「アフリカもんじゃ」とか作っちゃうかもしれないよ。そしてそういうのって立派な製造業だよな。国を富ます可能性があるわけよ。

原さんは言ってるんだ、「経済は文化を作ります。技術は政治を作っていきます」って。いい言葉だよな。つまらない誰かの思いつきとか、無視されていた技術なんかが世の中をパーッと変えるような気がするんだな、原さんの本を読んだり、テレビに出てるところを見ていたりすると。そして原さんみたいな素敵な人がいれば、まだまだ日本という国が豊かになっていくチャンスはあるって、思えてくるんだ。

「ぐずぐず」の理由

鷲田清一（著）／角川選書／2011.8.25

どうも「日本人とは何者か？」なんていうことを考えているのは日本人だけみたいですな。

アメリカ人もドイツ人も中国人も「我が国の民とは何者か？」などとあまり考えていないようであります。なぜ日本人ばかりがそんなことを考えるのか。その理由を突き詰めていくと「ものを考える手順」というものが、日本人は他の国の人々と大きく違うんじゃないかと思えてくるんだ。

身近な国を見てみましょう。朝鮮半島の情勢は非常にめまぐるしいものがあります。同じ民族が2つの国に分かれているんですが、どちらの国もトップオブリーダーが個性的だよね。片っぽの国は世界中に迷惑をかけることが国の正義のように振る舞うし、もう一方の国はとにかくちゃぶ台をひっくり返して回っている。どうもこの国々の方々の行動というのは私たちには理解できないんだよなぁ。誤解を招く言い方になってしまうかもしれないけど、私ども日本人は韓国や北朝鮮の方々と違ってる部分は、人種や民族がどうのこうのという問題ではなくって、「ものを考える手順」なんじゃないだろうかって思うんだ。

韓国の方々の整形手術に対する大らかさ。これが私にはよくわからない。「身体髪膚これを父母に受く、あえて毀傷せざるは孝の始めなり」なんていう孔子さまの言葉があります。お隣の韓国は儒教の国だという割には、自分の身体に刺青を入れたりしない、傷をつけないことが親孝行の始めであるという孔子の考え方とは全く反していますよね。

それはなぜだろうと考えたときに、1つ思い当たったのが北も南もひっくるめた半島人の方々は非常に視覚的な民族ではないかということなんです。「目に見えるもので訴える」ってことを、この半島の人たちは共通して重用視するんですな。

「俺んところは強いんだぞ!」とばかりに戦車やミサイルと行進したり、ロケットを遠くまで打ち上げたり、「恨んでるんだぞ! お前らを」と少女像や坑夫像という象徴を作って世界中にばら撒こうとしたり。確かに少女像というのは胸に刺さるんですが、何十体も作ると象徴するものの意味って薄れていくんじゃないかな。いろんなところに置いたところで、シンボルがあんまり増えすぎるとなんかちょっとパワーダウンする気がします。

それから北の一番偉い方は髪型が非常に視覚的ですね。あそこまで刈り上げなくてもいいんじゃないかと思うのは、もしかしたら我々があまり視覚的な民族ではないからなのではないか。私たちジャポネシアという島々の住人は、視覚的に訴えるということが不得手のようですな。半島人が視覚的文化だとすれば、日本人というのはいったい何的な文化なんだろう……。

そんなことを考えていたときに本屋で目があったのが鷲田清一著の『「ぐずぐず」の理由』なんです。著者の鷲田さんは京大卒の哲学者で大阪大学の総長もお務めになった方です。身体論や現象学について考えてらっしゃる方で、民俗学についての本も何冊もお書きになってるんですが、この『「ぐずぐず」の理由』はオノマトペについての本なんです。オノマトペというのはドイツ語で「音の絵」という意味らしいね。この本はタイトルの「ぐずぐず」をはじめとする「ぎりぎり」、「ふわふわ」、「なよなよ」などの擬態語を考察しているんですな。

実は日本人はこのオノマトペが大好きなだけでなく、むやみに発達させてきたんです。キリキリとギリギリを日本人って明らかに使い分けるよね。「胃がキリキリ痛む」と「胃がギリギリ痛む」とは痛みの質と量が違うよね。オノマトペを使った形容は非常に感覚的なんですが、どの日本人にもハッキリとその違いが理解できる。このニュアンスの違いを外国の人はわからないんだよな。この理由を著者の鷲田先生は日本人が触覚を非常に大事にする民族だからではないかと考えてるようなんだ。半島の民が視覚の文化、見かけの民ならば、日本国民は触覚の文化、手触りの民族なんだ。

この『「ぐずぐず」の理由』という本、決して「伝えるべき何かがある」という本ではございません。なんか綿菓子のようにフワフワとした手触りなんです。何かを掴もうと身構えて読むと綿のようにギュッと縮んでしまう。でも読んでいくうちにだんだんとオノマトペや日本の言葉の不思議さが綿菓子の切ない甘さのように心に染み込んでくるんだな。

本の中で鷲田さんが紹介しているのですが、『「いき」の構造』で有名な戦前の哲学者の九鬼周造の著作の中にこんなことが書かれています。かいつまむと、神様の「神」、上下の「上」、黒髪の「髪」はみんな「かみ」という音で共通しているが、全部上にあるんですな。確かに神様は天上に、髪は頭の上にあるよね。逆に、よだれ、すだれ、雨だれ、五月雨は全部上から下へ垂れているよ。

異国の物が言葉として入ってきても日本語は工夫するんです。例えばジョウロ。花に水をやるあれね。これ、もともとポルトガル語なんだけど、漢字になると……「如雨露」。雨露の如しというふうに響きを整える。巧みで面白いよな。なんの道具か字を見ればすぐわかる。

日本語とは不思議なもので、偶然生まれたような顔をしてるけど、よくよく考えるとその言葉になった理由や法則が言葉自体の中に潜んでいるんだ。

音自体にも法則性めいたものがあるようだね。例えば「ザ行の音」。鷲田先生はおっしゃいます。これは舌と上顎をすり合わせ、足の裏が地面を擦る音を真似たものだって。要するに踏ん張っているんだ。踏ん張って地面と足の裏が擦れ合った音を日本人はザラザラとかズルズルとかジリジリと表現するようになったんだ。日本人て、ほら、足の裏で床を擦るでしょ。相撲でも能でも舞でも、スリ足でやるじゃない。この地面と擦れ合う音が日本人には感覚として足の裏から伝わってくる共通の感覚だから、日本人同士には伝わるんだ。それにさっきの例によると「する」って言葉もなんだか関係ありそうだよな。スルスルとかスラスラなんかも擦れる音だよね。皮膚とそれに触れるものの感触がオノマトペになってるんだ。

ガ行の音だって同じだよ。何かに無理がかかって発した音がガ行のオノマトペになるケースが多いんだ。ほら、立て付けの悪いドアを開けるとき、「ギギィ」と表現するだろ。他にもギシギシ、ギュウギュウ、ギスギス、ギクシャクなんてあるけど、みんな狭いところでひしめき合ってお互いの角が引っかかりあってる感じがするじゃない。

ガ行のオノマトペの仲間、「ギリギリ」については鷲田さんは、精神科医の春日武彦さんの非常にシビアなエピソードを例にとって説明しています。
精神に疾患のある娘と認知症の父が生活保護を受けながら二人で懸命に生きていました。どちらかの症状が悪化すると最悪の事故や事態を招くのは火を見るより明らかという状況です。行政の人は「どちらかを強制入院させたほうが良いのでは？」と心配してる状況。しかし、精神科医の先生は「事態が臨界点まで行かない限り、第三者は手を出すべきではない」と主張するんですな。これは第三者の積極的な働きかけで解決するようなケースではないからほっとくしかないんだ、ということです。

こういうことって、生きているうちにはあるよなぁ。だから精神科の先生は「なんか事故が起きないうちはほっとこう」と考えた。このときに使った言葉が「ギリギリまで待ちましょう」だったんだな。「ギリギリ」を通過しない限りは人間の手で事態を動かしてはいけない。ギリギリ——実に日本人らしい言葉遣いだなって鷲田さんはおっしゃってる。ギリギリはぎりぎりと錐揉みする音から来ているけど、岩がたがいに擦れ合ったり、骨が直にぶつかって軋んだりといった、ぶつかりの一方が崩れない限り収まらないような軋轢を表しているんだ。これが心の表現まで使われるようになるんだな。徳俵《とくだわら》まで押していかれたっていう感覚もギリギリって言うんだ。海外にはこういう例はあんまりないんだな。

ザラザラ、ジリジリ、ズルズル……ゾロゾロ、モゾモゾなんかも足の裏の感覚を表している。日本人ならこれらの違いがすぐわかるけど、外国の人はわからないんだな。これほど豊かなオノマトペが日本語に生まれたのは、日本人が皮膚の持つ感性に鋭い民族だからなんじゃないかな。

触覚というか皮膚が持つ感性が直接的に言葉と結びついているんだよ、日本人て。どうも我々日本人というのは舌が言葉を作るらしいんだ。ものを触った感覚を舌で表すことが他の国々の人々より多いみたいなんだ。そもそも舌の感覚って、触覚の原初のものだよね。赤ん坊がなんでもものを口の中に入れて確かめるのは、舌による触覚が一番鋭敏だからでしょ。触った感覚を舌で、言葉として再現しようとするのが日本語の特徴かもしれないな。

例えば「ナ」の音で始まる言葉って色っぽいのが多いんだ。「なめる」「なでる」「なする」「なぞる」……。これ全部、他者に触れている言葉でしょ。何かを探り出そうとする、相手の存在の封印を解く、相手の存在の固さをほぐす、警戒を解かせる——そんな思いがこれらの言葉には潜んでると思いませんか。で、その結果の言葉も「ナ」で始まる言葉が多いんだ。

「なまめく」「なびく」「なだめる」「なぐさめる」「なれあう」。なっ！　色っぽいだろ⁉

特に上方言葉は「ナ」が多いんだ。あそこは人間が擦れあってるから。関西で活躍してる芸人さんとか見るとわかるよね。人間と人間の距離がむやみに近いから。スタジオの入り口あたりでボーッと座ってると友だちみたいに寄ってきますよ、東野幸治さんとかが。馴れ馴れしいよね。

最初に「なあなあ」と呼びかけて、「なんなん?」「なんぼ」「なんで」と相手の様子をうかがい、「なんで行かへんの!」とか「なんちゅうこっちゃ!」と驚く。

他人への提案を任せるときは「なあ、お前から言《ゆ》うたりいな」と「ナ」の音を使って柔らかく同意を促す。

これって媚態や誘惑の戦略性を上方言葉、つまり関西弁は隠してるっていうことじゃないかな。「なよなよ」ってオノマトペもナ音から始まるけど、これも己の弱さで相手の関心を引こうとする動きを表してるよね。

人っていうものは、顔面に走る筋肉を収縮弛緩させて表情を作っております。その小さな変化を相手は決して見逃しません。特に日本人はごくごく小さな収縮、小さな弛緩を見逃さず、その微かな顔面の動きで相手の一番奥にある深い心の真相を探ろうとするんだ。眉毛がわずかに動いただけで「あ、動揺してるな」とかね。

それから日本人にとってそこに浮かんだ表情を偽ることとは、その人の心の深さを持つことを証明することになる。日本人の言葉の中に「顔で笑って心で泣いて」ってあるでしょ。すごい言葉だよ。顔は笑ってるんです。でもその人はお腹の中では、心では泣いている。その偽りこそが、その人の悲しみの深さを表現するんだ。

私はそういうシーンをテレビで見たことがある。忘れもしない。広島で住宅街の奥で崖崩れがあって。かわいそうなことに80いくつのお婆ちゃんが死んで、90歳くらいのおじいちゃんが生き残ったときのこと。インタビューのマイクを向けるとそのおじいちゃんが笑うんです。「昨日まではよう笑うておりましたから、もう悔いはないと思います」って軽くおっしゃるんですが、手が小さく震えていました。そのときに私たちはこのおじいさんの想像を絶するほどの深い悲しみを察することができるんであります。私どもは笑顔で悲しみを語る人に胸を突かれて、その人の心の深さ——心の内側に隠されてたもう1つ別の感情を掬い取るんです。

まさに芥川龍之介の『手巾《ハンカチ》』です。大学教授の元に息子の死を知らせに来た母は我が子になんの興味もないような冷静さで教授に接していたが、ふと彼女の手元を見るとハンカチをギュウッと握りしめていたという小品の世界です。こういう感情を洞察できるところが日本人のすごいところだよな。

同じ東アジアでもこの感性はちょっと特殊かもしれないと思えるんだ。「にこり」と「にやり」、「にやにや」と「にたにた」。この違い、皆さんにはハッキリわかると思います。「にやにや」は何か思わず良いことがあって先回りの笑顔。「にたにた」というのは、道徳的に許されない、何か隠した思いみたいなものがあっての笑いだよね。たとえて見るならね。で、「にやにや」は将来設計を考えると思わずうまくいきそうで、にやにやするって感じだよ。「にたにた」は昨日の彼女の艶やかさを思い出す男……、もうスケベっぽい笑顔しか頭に浮かばないよ。これが「にたにた」。

ここからは完全にワタクシの私論でございますけども、この言葉の差異っていうのは韓国の方にはほとんど拾ってもらえないのではないかって思うんだ。と、申しますのは、美容整形の盛んな国はやっぱり顔をいじるわけですから、別の表情を盛り付ける。そして盛り付けられた表情はその本人の心を浮かべることが難しいからなんです。

誰とは言わないけど美容整形をやった女優さんで「顔が動かなくなった」って嘆いてる人いるもん。我々はそれで商売してるから顔が動かなくなるっていうのは、読者の皆さんが思う以上に困るものなんだ。「にこり」と「にやり」の違いを敏感に嗅ぎ分ける日本人の笑顔の読み方ってそれだけ深いんだよ。

笑顔は喜びや親しみの表現だけでなくて、悲しみを隠す衣でもあるのが日本の文化なんだ。これらは半島人の方々にはほとんど理解されないのではなかろうかと我々は覚悟すべきなんじゃないかな。向こうの大統領は前の方も今の方もピンチに追い込まれてもスッゴく落ち着いていらっしゃる。クールで動じない。ところが安倍首相はハッキリと動揺を浮かべますね。質問に対して「失礼じゃないですか！」って青筋立ててみせます。でも、だからと言って単に怒って我を忘れているかというと、そうでもないんじゃないかな。動揺した表情の裏にもう1つの真意が隠れていると考えるのが日本人なんだ。貿易問題や防衛問題など、話し合い自体が噛み合わないのもそんな文化の差があるからなのではと思っちゃうよね。

こういう文化の差の例として、もう1つの隣国の中国から来たお客さまと戦前から上海や福建省から渡ってきた人たちが作った中華街の人々のエピソードを紹介してみようか。九州のある都市に大集団の中華観光客旅行団が押し寄せた。その街は観光不振だったたから大喜び。特にその街の中華街は有名で観光スポットナンバーワンに挙げていたんですな。ところが元々戦前から移り住んでいた上海や福建省がルーツの方々が、数ヶ月も経たないうちに店の前に貼り紙を貼ったんです、「中国人立入禁止」って。

皆さんはその理由、わかりますか？ これ、ローカルでは大変話題になったけど、東京では全く報道されなかった事件なんだよ。ヒントを1つ。それは政治的な理由ではございません！ さあ、考えてみてください。あ、もう1つヒントを差し上げましょう。対立の原因にオノマトペが関係しています！

どうですか？ 皆さんの推理は。ではことの経緯をご説明しながら、正解を発表しましょう。

この九州の都市の行政の方々は、「もともと中国から来た人たちが作った街だから、中国から来たお客さんがリラックスできるだろう」って考えて中華街を観光スポットとして押したんです。なのに、中華街のお店の経営者たちが中国人を締め出してしまった。中国本土の上海でも新聞に取り上げられて「差別」と大問題になったみたいだよ、日本全国では全然報道されなかったけど。

せっかく押してるのに受け入れ側の思わぬ反発に慌てた県の役人さんが、中華街の店主に「なんとか考えてくださいよ」って説得したっていうから切ない話だよね。でも、店主は首を縦に振らない。「なんでそんなに中国の観光客を嫌うんですか？」って聞いたら、「トイレをベチャベチャにするからだ」って答えたんだ。

ほら、ここでもオノマトペだよ。確かにベチャベチャは嫌だよな。でも漢人の方々は「トイレは水で洗い流すところじゃないか！」と反論なさるんですな。

これって文化の違いなんだよ。向こうのトイレは石造りでジャーッと水で清掃するんです。石造りのトイレが多い中国では便器に水をかけて外へ洗い流す。これがトイレの清掃法なんであります。ところが日本人……というか日本で長く暮らすと中国人の方でも、このベチャベチャをものすごく嫌うようになる。そりゃそうだよね、スリッパ脱ぐところまではきれいな絨毯で、トイレはベチャベチャなんて気持ち悪いもん。

だいたい日本人は「ベチャベチャ」だけでなく「ネチャネチャ」や「ネバネバ」「ベトベト」「ヌルヌル」といったものをものすごく嫌うんです。これって気候が関係してるんじゃないかな。日本って高温多湿だろ？　必要以上に湿り気が多いと細菌が発生しやすくなる。このことへの恐怖が根底にあるんじゃないかな。ところが漢人の方々はというと、半分は砂漠です。乾いた大地で過ごしてらっしゃる。だからベチャベチャっていうのがあんまり不愉快じゃないんじゃないかな、「我歓喜湿気」とか言ってさ。あ、これ嘘中国語だよ。

ま、結局、別トイレを用意することで決着したらしいね。わざわざ中国の旅行客向けのトイレを新設したんですな。最近多いよ、如此く中国の方々と日本人の部屋を分けるところ。ホテルの朝食会場なんて特にそうだよ。

これはどちらがいい悪いじゃないんだよ。朝からわーっと陽気にペチャクチャやるのが大好きな中国の方と、ペチャクチャが嫌いな日本人の文化の差なんだよ。不快の秤の目盛りが全然違うんだ。笑顔の違い、湿り気に対しての恐怖の度合いの違い。この2つについてもこんなに違うんだもん。多少の軋轢が生じるのは止むを得ないと思うよ。「アジアは1つだ」なんてまとめて考えてしまうとかえって危険だと思う。中国の方は我々とは違うんだ、韓国の方とも違うんだってことを踏まえてから共通点を見つけていく。こういうセンスが大事なんじゃないかなぁ。中華料理店の前に置いてある獅子、あれ、右も左もおんなじ顔をしてるんだけど俺には違和感があるんだ。日本だと「阿吽《あうん》」っていうように表情が同じでない。神社の狛犬をよく見ればわかるよ。必ず左右違うんだ。

もともと中国に住んでいた人が、日本に長く住むにつれてベチャベチャを嫌がるようになるのは文化の問題かもしれない。でも、そういう文化を形づくっていったのはやはり日本民族の生理的な部分が大きく影響してるんではないか。この鷲田先生のオノマトペの話を読み進んでいくとそう思えてくるんだ。

それというのも、鷲田先生は日本人を幼児の感性みたいなものを大事に体の内側に秘めている人種じゃないかって考えているみたいで、そこが俺にもしっかりと納得できるからなんだ。日本人みたいな人種って中国大陸にも朝鮮半島にもいないんだ。日本列島「ジャポネシア」という数々の島からできた諸島に住む人間独自の国民性ではないかと語ってらっしゃるんだな。

そして、日本人が大事にしていた幼児性こそが多彩なオノマトペを生んだって推察している。オノマトペって冒頭に述べたように音の絵って意味なんだ。身体の感覚的な手触りの表現から生まれるもんなんだよ。これって子供の感覚なんです。子供が感じた体験がオノマトペとなっていくんですな。そして日本では他の国と比べてこの幼児の感覚を言葉にして残していってるんです。「お母さん、ベトベトしてるー！」なんてよく言ってるでしょ、子供が。それって子供がうまく言語を使えない頃に、オノマトペを使って自分の語彙を増やして伝えるんですね。「ずっと泣いていたから、お顔が涙でベトベトになった」とか、「このパン、フニャフニャしてる」って言えば、濡れてるとか柔らかいといった言葉を知らなくても相手に伝えることができるもんな。

実はこのことが日本の豊かな漫画やアニメ文化を支えているんじゃないだろうか。童謡やアニメソングに擬音が多いのは、子供の頃からオノマトペを使ったコミュニケーションに馴染んできたからだと、俺は思うんだ。「ポックリポックリ歩く」とか「どんぐりコロコロ」とか。ゲゲゲの鬼太郎の「カランコロン」なんかもそうだね。笛吹童子の「ヒャラリヒャラリコ」も……、あ、若い方にはわからないか。

そして民俗学者の柳田國男がこのことを見事に言い当てているんですなあ。
「嬰児は言わば無意識の記録掛りでありました」
ドキッとする言葉ですよね。幼い子の耳は鋭敏で大人よりも深い感受性を持っているから、子供が勝手に作った言葉は例外なく音を写している。そしてかなり適切なので周囲の大人たちをも納得させる力を持っているんですな。日本人が老人になっても幼児の言葉を使っているのはそういう理由なのです。

鷲田さんは日本の言葉の中には幼児性があるとハッキリおっしゃっております。でもその幼児性は決して悪いことではないんです。幼児の感性みたいなものを日本人は体の内側に大事に秘めている、そういう人種なんじゃないかと思うんです。ご近所の中国大陸や朝鮮半島にはいないんですな。

なぜ、日本人は幼児の感性・感覚をこれほど色濃く言葉にとどめたのであろうか。それは日本のオノマトペが内臓感覚から生じたものだからではないだろうかと、鷲田先生は考えているんです。

ウキウキ・キビキビ・ルンルン・スゴスゴ・ノコノコ・ヨタヨタ。

これらは人の動作の擬態語です。その動きのわずかな動作の違いが内臓を通して私たちにはわかる。だってさ、ウキウキもキビキビもルンルンも外から見たら全部おんなじ動きだよ。でもさ、使っている筋肉がウキウキとキビキビとルンルンでは違うんだよ。

それからスゴスゴとノコノコとヨタヨタ。これなんかもろに内臓の元気さの差だよ。スゴスゴ、ノコノコよりヨタヨタのほうが内臓のダメージ、大きそうじゃない。そういう感覚の差がオノマトペで表現されてるんだよね。こういう感覚の差、多分異国の人にはそう簡単にはわからない。

ヒリヒリとピリピリ、日本人ならこの違いがハッキリわかるよな。これはおそらく皮膚の傷の痛みの違いなんでしょうね。ヒリヒリって言ったらどんなことがあってその傷がついたか想像できるよね。多分、日本人の9割は「擦りむいた」って答えるはずだよ。

じゃあ、ピリピリは？　電気系だよね。感電したとか、痺れが入ったような共通のイメージがあるはずだよ。この2つ、日本人は幼児でさえもちゃ〜んと使い分けるんです。で、ここで出てくるのが三木成夫さん。この本でも少し前の章で紹介してますが解剖学者の先生です。いや、ワタクシ武田鉄矢が勝手に登場させてるわけじゃなくて、鷲田先生がこの本の中で三木先生から引用なさってるんです。鷲田さん、三木先生の講演を聞いてものすごく感動したらしいんですな。『ぐずぐずの理由』の著者の鷲田先生が聴きに行った講演の中で、三木先生がこんなことをおっしゃっていたんだ。

――どうやら言葉とは内臓の動きが内から大脳に伝わり、大脳が声帯を震わすことで外に出てきた響きではないだろうか。解剖学的に言えば、口の内部と周辺では2つの系列の筋肉が交差していて、顔面の表情筋は内臓系の筋肉……起源的にはエラの筋肉からなっている。これに対して舌は手や足と同じく体壁系の筋肉からなっている。つまり大元を辿りますと舌というのは手や足と同じような材料でできた部分なんですな。手も足も舌も同じものなんです。

だからね読者の皆さん、手や足を使っても欲しいものが得られないときは舌が思いを伝えるでしょ、「喉から手が出そう」って。

この本の中でも紹介したけど、解剖学者の三木先生は表情は実は内臓であり、舌は５本目の手足であると考えていらした。便秘がちの人の表情見たら実感できるよ、表情は内臓の動きなんだっていうことが。やっぱり便秘がちの人って潑剌とした笑顔があんまりないよな。反対に快便の人は笑顔がいい。俺なんかでも、何キロ出れば気がすむんだっていうくらい出た朝はついつい笑顔がこぼれでるもんな。内臓の調子の良さって笑顔にでるんだよ。

不思議なもんで内臓の悪いときの笑顔って、人を惹きつけるには足りないんだ。男って女の子と仲良くなるためにメシに誘うじゃん。アレには理由があるんだよ、相手の内臓を見抜くっていう。えっ？　都合のいい理由づけしてるって⁉　でもさ、やっぱり相手の内臓の良さや強さを推し量るっていう側面はあると思うんだ、デートでメシ食うのって。女性だってそう。あんまり男が少食だと、「この人と生きていて本当に大丈夫かな？」って不安になるだろ？

で、鷲田先生は三木成夫氏の「表情は内臓の動きで、舌は5本目の手足である」という言葉が真実であるという証拠として「ま」という音を挙げておるんですな。「まみむめも」のマ行って世界に共通なんだよ。皆さん、哺乳類って英語でなんていうか知ってる？ Mammal（マンマール）だよね。幼児は食べ物のことをなんて言うかな？「マンマ」だよ。お母さんのことは英語でなんて言う？「ママ」でしょ？ 中国でも媽媽と書いてママって言うみたいだよ、いつからかは知らないけど。これらの言葉って意外な関係があるんだ。最初のマンマールの語源はラテン語の「乳房の」から来ている。赤ちゃんはおっぱい飲むだろ。だからご飯の始まりはマンマ。おっぱいを持っているお母さんは、ママって呼ばれる。Mの発音は世界的に共通するイメージがあるよな。股《また》とか腿《もも》とかちょっと色っぽい部位もマ行だし、性的な乱調を表現する淫らとか悶えるなんて言葉もマ行だろ。

これ、鉄矢流のこじつけじゃなくて著者の鷲田さんが実際に書いていることなんだ。むしろかなり端折ってるくらいだよ。鷲田さんはね、一見控えめな哲学者だけど時々エッチで、だから好き。

現代語にもマ行の言葉はどこか艶かしさを感じさせる言葉が多いよね。「萌え〜」とか「ムラムラ」とか。男が惹かれる女の子の特性を表す言葉って、マ行だとしっくりくるのかもね。

内臓は蠕動します。蛇のようにクネクネと動き、心拍のようなリズムと分節し難いうねりの響きを内臓は持っています。その響きを音に重ね合わせるオノマトペが言葉として生じ、人の暮らしや人と人との関係を表現するときの言葉となって、ある種の「基盤」となっていったのではないか。要するにリズムを刻む心臓と内臓のうねりがオノマトペに影響するんだ。だから「ベチャベチャしている」とか「ベタベタしている」とかっていう感覚用語――オノマトペが生まれる。

三木成夫さんの言によれば「言葉のスタート、『喋る』。これはどこから来た言葉か？おそらく『しゃぶる』から来たのではないだろうか」。舌で舐め回すことが「喋る」の語源だっていうんだ。お子さんを育てた経験がある方ならわかると思うけど、子供ってなんでも口に持っていくだろ？　これは舐めることでそのものを見ようとしているんだ。

脊椎動物は内臓部と体壁部の2つに分かれていると三木先生は考えておられます。内臓部は体内にあって天体運行と同調してるって言うのね。内臓を動かしているのは星空なんだ。大きな宇宙と連動しているんだって。内臓は遠くと共振する不思議な力があるんだって言うんだ。例えば魚が川を上り産卵を開始する秋というのは、天体運動からその時期が決定する。それに女性の方はもっと身近に体の中に周期を持ってらっしゃる。生理ですね。

これは月の運行と深く結ばれた臓器を女性は体内に持ってるんだ。

で、この本の著者の鷲田先生は日本人のオノマトペは内臓の触覚、舐め回すことの感度の表現であろうって考える。この理屈っぽさがイイんだよ。「ぐずぐず」から始まった思考を積み重ねていって、バシッと形容していく。さすが哲学者！

確かに日本語って内臓感覚の言語なんだよな。だから内臓で理解することはとても重大なことなんだ。だって言うだろ？　しっかり内臓で理解したことを「腑に落ちた」って。

つまり日本人にとって内臓で理解することは頭で理解することより上回ることなんだ。

それが腑に落ちるっていうことなんでありますな。

舌によるオノマトペは日本特有の「味」を決め、伝える言葉を作った。「甘い辛い苦い塩っぱい」以外に味の定義を伝える言葉を持つ国語は、世界でも日本だけではないだろうか。

だいたい喉を通過するときの感覚をオノマトペにしてしまうんだからすごいよね。

例えば「ツルッと」。お蕎麦を食べるとき、ズルズルって音がするかもしれないけど、絶対ズルズルとは表現しないよね。お蕎麦を食べるとき日本人は「ツルツル」って言うよ。

そうすると喉に入っていくあの麺の感触がわかるんだ。

それから衣服と身体のオノマトペ。これも日本独特なんだ。着ている服の感覚をオノマトペで表現する。皆さんはちょっと小さい服を着たとき、なんて表現する？「キツキツ」とか「キチキチ」って言うだろ。これってすごいよ。英語だと、「little, bit, tight」とかなんとか言わなきゃならない。日本語じゃ、キツキツよりヤバかったらパツパツ、服が破れる寸前ならパッツンパッツンだよ。皮膚感覚で理解できるよな。

肥満や痩せ具合も日本語なら全部オノマトペだよ。ウエイト・オーバーとか理屈っぽい言い回しなんか不要なんだ。「ほら、あのぼてっとしたやつ」と「でっぷりしたおっさん」ではイメージする人物像がちょっと違うよね。「おいおい、あの娘、ムチムチしてるな」なんて言われたらちょっとワクワクするし。

愛嬌のある言い方では「ぽっちゃりだよ」って表現する。体の比率があまり合ってないと「ズングリしてる」って言う。ボテッ・デップリ・ムチムチ・ポッチャリを使い分けるんだ。これは全部「円唇母音」なんだ。唇をまる〜くして発音する。これ、俺も調べてみたんだけど太ってる、痩せてる、の表現って英語と似ているんだ。「太ってる」は「ファット（fat）」。どちらも唇がまあるい。「ヘビィ（heavy）」もそうだよね。むくんでいる、を意味する「ブロウテッド（bloated）」。これはボテッとしたって意味なんでしょう。唇の使い方がちょっと似てるよ。

では、反対語もみてみようか。痩せた人を語る時、最も代表的なオノマトペは「ガリガリ」だね。英語では骨と皮ばかりの人のことを「スキニー（skinny）」って言う。「スリム（slim）」、「スレンダー（slender）」も痩せた人を表します。全部Sの音から始まってる。日本だってスラーッとしたとか、シュッとしたって言うよね。痩せた人を表す言葉は、ガリガリのガ行だけでなくサ行も多いんだ。英語と共通点あるんだよ。やっぱりイメージが共通する「音」ってあるんだろうな、民族を超えて。そういう意味でオノマトペは言葉の源流に遡る国際語の起源を秘めているのではないかと思えるんだよね。

オノマトペは内臓から生まれた言葉ではないかっていうのは三木成夫ファンの私には納得できるんだよな。日本人ってやっぱり身体感覚に敏感だから、感覚的に「腑に落ちる」んだよね。

その上、日本人は「からだ言葉」があるんだよ。からだを使って状態や感情を表現する言葉がいっぱいあるんだ。今の腑に落ちるだけじゃなくて、胸がしめつけられる、腰がくだける、足が棒になる、胸が膨らむ、身に沁みる、なんて日常よく使うよね。それどころか、「あいつには普段から目をかけてやってるのに、鼻であしらわれた、ムカつく」というようにからだ言葉だけで文章になっちゃうくらい、からだ言葉は日本語に根付いている。

これから書くのは俺の考えで、本の中にはないことだよ。中国人や半島の方々はユーラシア大陸の本当にしっかりした地盤の上に自分たちの文明文化を広げた民族なんだよ。だからこの人たちを動かすには強い情動が必要になるんじゃないかな。

それに比べて日本人を動かすのは「肌理《きめ》」の細かさなんだよ。字で書けば肌の理屈だよ。乳幼児の「しゃぶる」という行為から始まる触覚、内臓の感性を捨てずに大事にして、柳田國男さんが言うところの「嬰児は言わば無意識の記録掛り」として歳を取っても捨てない。「ヨチヨチ」と歩いていた赤ちゃんから「ヨタヨタ」と歩く老人になるまでこの感覚を大事にしつつ、ヨチのチとヨタのタで年月の差を表現する肌理の細かさを持っている、面白くて不思議な民族が日本人なんです。このことをまず、日本人自身が自覚しないといけないんじゃないかな。

その肌理の細かさを最も説明しやすい例がこの鷲田先生の本の中にあるよ。皆さんご存知、さいとう・たかをの劇画『ゴルゴ13』で見つけたんだって。100円ライターでタバコの火をつけるときのオノマトペは「カチカチ」だったのが、その後に出てくるゴルゴ13が外国製の高そうなライターで火をつけるときは、「シュポ」になってるんだって。ライターの音も値段によって石を擦る音を変える。それだけで日本人はライターの値段が違うことを一瞬のうちにしっかり汲み取るんです。日本人とはそういう肌理の細かい国民なんですなあ。中国の熱狂と興奮、朝鮮半島の恨、その対立項で日本人は肌理というものを最も大事にしてるんではなかろうかと思うんですな。アジアは決して1つではない、それぞれ住んでいる場所の地勢的な条件によって感性が違うことを忘れてはいけません。

もう一度はっきり言っておくけど、中国や韓国などの話は、この鷲田さんの本を読んでも出てきませんよ。この鷲田先生の本は、日本のオノマトペの特性やら表現をひたすら現象学的に分析した本です。でも、私は読み進むうちに中華の人とか半島の人とかの感性の違いで語ったほうが皆さんの腑に落ちやすいと思いながら話を広げたんです。たっぷりと塩胡椒を効かせて料理したので、この本をお買い求めの際はその分は差し引いてお読みください。

そうそう、他の章だってパセリにセロリにローズマリーやタイムなど、たくさんの香辛料が効いております。お好みのお味に仕上がってるかは不安ですが、一生懸命、三枚におろして料理しておりますので、是非ご賞味あれ!

あとがき

まず私が本を読み、そのとき感じたことを気ままに喋るというラジオ番組「武田鉄矢・今朝の三枚おろし」をほぼ四半世紀にわたり続けさせてくださっている文化放送並びにスポンサーの方々、そしてその番組を楽しみにしてくださっているリスナーの皆さまに厚く御礼を申し上げねばなりません。皆さまに支えられたこの番組がなければ、この本の出版もなかったわけです。

もちろん、今回紹介した10冊の本の著者の皆さまにも深く感謝申し上げます。

私の本をめくる頁の歩みは遅く、ハイハイをする赤ちゃんのようなもの。

それでも、頁の文字の上を這いながら、私、懸命にその本と会話をしています。よき本とは読者と話し込んでくれるもので、そのとき、話し込んだ会話を私はラジオで披露しているわけです。

今回紹介した10冊の本の著者の皆さまは、どの方も専門の分野の方でテーマの切り口がユニーク、しかも冒険的な著作ばかり。

それ故にずいぶんと這い進み、四肢が鍛えられたようです。

このハイハイが読んでくださった方の、いつの日にか立ち上がる力になりますよう願っております。

人類共通の本能に、ハイハイしていた赤ちゃんが、這いながら地平線に向かって手を伸ばすという仕種があるそうです。

これは、つかまり立ちのための仕種で、立ち上がるための本能だそうです。何か、つかまり立ちの一行が皆さまにあればと祈りつつあとがきとします。

なお、このあとがきを思案中に新型コロナウイルスによるパンデミックという世界的厄災が襲いましたが、手間暇かける間なく次の機会に残します。しっかり下拵えして三枚におろしますので、乞う御期待で筆を擱きます。

御愛読、感謝します。

武田鉄矢

※『武田鉄矢 今朝の三枚おろし』
文化放送(AM1134、FM91.6)にて
毎週月曜日から金曜日 7:40〜8:00ごろ
全国32局ネットで好評オンエア中!
また、Apple、google、spotifyなどのpodcastや
audiobook.jpにマルチ配信中!

武田鉄矢(たけだ・てつや)

1949年4月11日生まれ。福岡県福岡市出身。O型。福岡教育大学卒業(2008年に名誉学士授与)。72年、フォークグループ「海援隊」でデビュー。翌年「母に捧げるバラード」が大ヒット。日本レコード大賞・企画賞受賞。77年には山田洋次監督の映画「幸福の黄色いハンカチ」に出演。「3年B組金八先生」「101回目のプロポーズ」などのテレビドラマにも出演。『私塾・坂本竜馬』(小学館)、『西の窓辺へお行きなさい—「折り返す」という技術』(小学館)、『人間力を高める読書法』(小社刊)など著書も多数ある。

人生の教養を高める読書法

2020年 8 月 7 日　第一刷発行
2020年12月27日　第二刷発行

著　　者　武田鉄矢
発 行 者　長坂嘉昭
発 行 所　プレジデント社
〒102-8641 東京都千代田区平河町2-16-1
https://www.president.co.jp　https://presidentstore.jp
電話　編集(03)3237-3732　販売(03)3237-3731
編集協力　文化放送
装　　丁　秦 浩司
販　　売　桂木栄一　高橋 徹　川井田美景　森田 巌　末吉秀樹
カバー写真　白鳥真太郎
構　　成　宇野 アキラ
編　　集　渡邉 崇
制　　作　関 結香
印刷・製本　凸版印刷株式会社

ISBN978-4-8334-2371-7
Printed in Japan